Ilse Hehn: Ulm erleben

GHV

Dieses Buch wurde gefördert durch
fey messe & objektdesign
Brauerei Gold Ochsen GmbH
Sparkasse Ulm

Impressum:

© by Ilse Hehn

alle Rechte vorbehalten
1. Auflage 2016

ISBN   978-3-87336-590-2

Text: Ilse Hehn
Fotos: Ilse Hehn
             Alex Constantin Hehn (Nachtaufnahmen)
Layout: Hannelore Zimmermann

Ilse Hehn

ULM
erleben

Mit einem Geleitwort von Iris Mann

GHV

Geleitwort

Mit ihrem neuen Buch „Ulm erleben" eröffnet Ilse Hehn einen literarisch-persönlichen Zugang zu der Stadt, in der sie seit 1992 lebt. Es ist fast eine Art Liebeserklärung, die die vielfach ausgezeichnete Schriftstellerin und Künstlerin ihrer neuen Heimat hier macht. Sie beginnt mit der Geschichte und den markanten Bauwerken der Stadt, unter anderem mit der ersten urkundlichen Erwähnung, dem Schneider von Ulm, dem Schwörbrief, mit dem Ulmer Münster, dem Stadthaus, der Sammlung Weishaupt, dem Rathaus, der Zentralbibliothek, dem Schwörhaus und der Neuen Synagoge. Sie fängt Stimmungen und Eindrücke mit einzigartigen Bildern ein, sei es an der Blau im sonnendurchfluteten Fischerviertel, in der nächtlichen Neuen Mitte oder im Schneegestöber auf dem Münsterplatz. In „Impressionen" zeigt sie auch Details aus Gaststätten - „Alle reden von Lebensqualität, Ulm hat sie".

Einfühlsam findet Ilse Hehn Worte des Verstehens und der Erkenntnis. Sie führt uns entlang der Donau in allen Jahreszeiten und erspürt dabei die Poesie am Wegesrand. Schilder und Fassaden von Häusern haben es ihr ebenso angetan wie Brunnenfiguren und die reichhaltige Ausmalung des Minnesängersaals im Reichenauer Hof. Ihr entgehen keine Details, an denen viele oft achtlos vorbei gehen - das von Martin Schaffner am Rathaus gemalte Sinnbild des Spinnennetzes, das nur die kleinen Fliegen fängt, der „Reserveschlüssel" des Apostels Petrus vor der Dreifaltigkeitskirche oder der Sperrhaken am Schuhhaus. Sie zeigt die ganze Stadt, auch die Tiere im Tiergarten und die Bäume in den ausgedehnten Grünanlagen, deren Farbenspiel in den Bildern eingefangen wird. Wen wundert es bei der Biografie von Ilse Hehn, dass sie auch das Thema Heimatlosigkeit anspricht, indem sie an einem nebligen Novembertag lose Blätter zeigt, „die verloren herumwirbeln, auf einen Haufen gekehrt werden". Dabei wird aber deutlich, dass für sie Ulm zur heimatlichen Stadt geworden ist. Am Schluss stehen Bilder der nächtlichen Silhouette Ulms, die für sie Symbol für die lebendige und traditionsreiche Stadt ist. Diese Stadt, so resümiert sie, fällt einem nicht „stürmisch um den Hals", reicht aber die Hand „mit dem freundlichen Gruß ‚WILLKOMMEN'". Ich danke der Autorin für diese wunderbare Hommage an Ulm.

Mein Wunsch ist es, dass dieses schöne Buch zahlreiche Leserinnen und Leser inner- und außerhalb Ulms finden möge.

Iris Mann
Bürgermeisterin

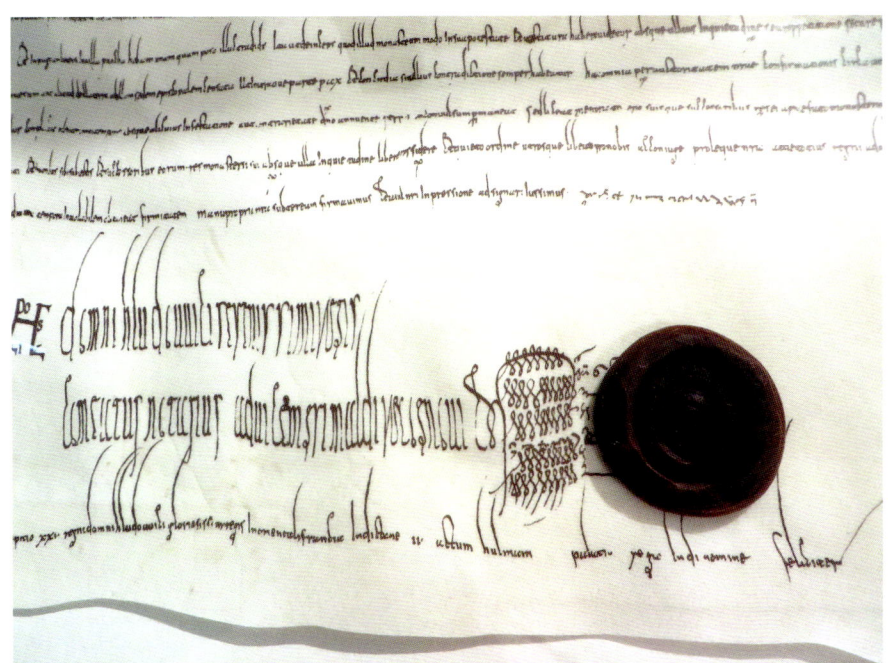

Datumzeile aus einer Urkunde* vom 22. Juli 854, Stiftsarchiv St. Gallen

Ein Stamm der Alemannen hatte sich schon im dritten Jahrhundert im Ulmer Raum niedergelassen, am Fuße des Kienlesberges entdeckte man ein großes alemannisches Gräberfeld aus dem 6. Jahrhundert, während im nahegelegenen Ehrenstein eine Siedlung aus der Jungsteinzeit ausgegraben wurde. Doch die „offizielle" Geschichte Ulms begann erst mit folgendem Satz: *Actum Hulmam palatio regio in Dei nomine feliciter. Amen.*

Ein Satz, nicht wie ein Schlussstein, sondern wie ein Bogen, der sich weit öffnet: Im Jahre 854 besiegelte König Ludwig der Deutsche in der Pfalz Hulma (Ulm) diese Urkunde und sorgte damit für die erste erhaltene Erwähnung der Stadt. In der letzten Zeile wird Ulm als Ort der Rechtsprechung und Abfassung der Urkunde angegeben: *Actum Hulmam palatio regio* – „geschehen in der königlichen Pfalz zu Ulm". Darüber das königliche Siegel.

* Faksimile, Spende des Lions-Club Ulm/Neu-Ulm, Teilansicht. Aus der Ausstellung „Schätze der Stadtgeschichte – 500 Jahre Archiv der Stadt Ulm", 2015

„...wenn er vollendet sein wird, dürfte er bis an den Himmel reichen."

Dass Ulm 1376 einer Belagerung durch Kaiser Karl IV. mit Erfolg trotzte und die Bürger ein Jahr darauf Herzog Ulrich von Württemberg entscheidend schlugen, wurde zum Anlass, den gewaltigen Münsterbau zu planen und zu beginnen. Die Reichsstadt wagte es, ihre Pfarrkirche, zu der 1377 der Grundstein gelegt wurde, zur größten Deutschlands zu machen – das gotische Ulmer Münster ist mit seinem 161,53 Meter hohen Kirchturm (der diese Rekordhöhe erst bei seiner Vollendung im Jahre 1890 erreichte) die höchste Kirche der Welt und gleichzeitig die größte Bürgerkirche im deutschsprachigen Raum, die mit ihrem Langhaus von 123 Metern ca. 29.000 Menschen fasst.

In dieser Stadt gibt es, obwohl sie keinen Bischof hat, eine große prächtige Kirche der heiligen Maria, welche die Pfarrkirche ist, in ungewöhnlicher Größe, nämlich 227 Schritte lang und 80 breit und von einer immensen Höhe. Darin sind viele Altäre und ein Turm, der ganz aus durchbrochener Schnitzarbeit besteht und kolossal hoch, aber noch nicht fertig ist; wenn er vollendet sein wird, dürfte er bis an den Himmel reichen. In dieser Kirche ist ein Chor, auch als Schnitzwerk mit vielen geschnitzten Stühlen, die doppelter Art sind, teils groß, teils klein. Ferner zwei sehr gute Orgeln, eine große und eine kleine: kurz dieser „Tempel" ist eine Merkwürdigkeit und verdient in der ganzen Welt genannt zu werden.

(Andrea de Franceschi, Grancancelliere der Republik Venedig, „Itinerario di Germania dell`anno 1492")

So viel von dem herrlichen Münster. Gut, dass es schon dasteht; heutigen Tages ließen es die Ulmer wohl bleiben, so ein kostspieliges Gebäude aufzuführen.

(Johann Nepomuk Hauntinger, „Reise durch Schwaben und Bayern im Jahre 1784")

Bürger fördern und schaffen Kunst

Gründungsrelief; Ulmer Münster

Schwer lastet die Verantwortung auf dem gebeugten Rücken des Baumeisters Heinrich II. Parler. Bürgermeister Ludwig (Lutz) Krafft und dessen Ehefrau nehmen ihm etwas von dieser Bürde ab, indem sie das Bauprojekt nur sanft auf die Schulter legen, denn die gesamte Bürgerschaft, deren Vertreter sie sind, tragen die Last am Münsterbau mit. Ganz ohne Zuschüsse von Bischöfen oder Fürsten begann man 1377 diesen kühnen Bau. Und kein Bagger und kein Kran halfen dabei. Die Bürger der Stadt hatten sich ihn, Stein auf Stein, mit dem Herzen errichtet.

Im Jahr des Herrn 1377 lösten die Ulmer die alte Pfarrkirche zu Allerheiligen* auf und trugen alles auf ihren Schultern in die Stadt an den Ort, der für den Bau der Kirche vorgesehen war. Als alles hereingebracht war, gruben sie das Fundament der Mauern bis hinunter zum Wasser und rammten Pfähle aus festem Ulmenholz in den Schlamm, um darauf die Grundsteine und große Felsblöcke zu legen, die eine so gewaltige Masse tragen sollten. Als nun der Ort für das Fundament hergerichtet war, verkündeten die Baumeister den Ratsherren, dass die Fundamente gelegt werden sollten. Und weil das die Aufgabe der Ratsherren war, durften billigerweise die bedeutendsten von ihnen den ersten Stein legen. Denn man wollte dieses mächtige Bauwerk auf Kosten der Stadt beginnen, gestalten und vollenden, und man beschloss, von niemandem außerhalb etwas zu erbitten; weder erwirkte man besondere Ablässe noch rief man die Fürsten zu Hilfe.(...) Im genannten Jahr also, als der letzte Tag im Monat Juni anbrach und der ganze Klerus und alles Volk auf dem Bauplatz versammelt war, waren alle Vorbereitungen getroffen, feierlich den ersten Grundstein zu legen.

(Felix Fabri**, Chronist und Ulmer Dominikanermönch, *Tractatus de civitate Ulmensi*, Traktat über die Stadt Ulm, 1488/89)

---

* Die alte Pfarrkirche „Unserer Lieben Frau" befand sich außerhalb der Stadt (*ennet feldes = übers Feld*) auf dem Gelände des heutigen Alten Friedhofs.

** Zwischen 1484 und 1500 veröffentlichte der in Ulm wirkende Dominikanermönch Felix Fabri seinen *Tractatus de civitate Ulmensi* (Abhandlung von der Stadt Ulm), die als älteste erhaltene Chronik der Stadt gilt. Fabri beschreibt darin nicht nur die Gegenwart der Stadt zu seiner Zeit, sondern versucht auch, deren Geschichte umfassend darzustellen.

Nördliches Seitenschiff
Ulmer Münster

Ungestört konnte ich meine andächtige Begier nach dem Münster befriedigen. Am wichtigsten war mir die innere Struktur der Kirche. Fürwahr ist das ein Anblick, dessen große und einfache Würde man niemals ausgenießen kann. Ich hatte noch selten Gelegenheit, bei grandiosen Gebäuden es so zu empfinden, wie der beugende Eindruck des Ungeheuern sich in dem ruhigen Gefühl der Schönheit löst, mit welcher unser Geist sich homogen empfindet.

(Eduard Mörike an Luise Rau, Ulm, den 17. Juli 1831)

Pythagoras
Chorgestühl-Büste
auf den Pultwangen
der Nordseite; Münster

Die aus Eichenholz geschnitzte Figur gehört zu dem Chorgestühl des Ulmer Münsters, einem der berühmtesten und schönsten Gestühle der deutschen Gotik, welches 1469 – 1474 Jörg Syrlin d. Ä.* in Zusammenarbeit mit dem Bildhauer Michel Erhart schnitzte.

Der antike griechische Philosoph und Mathematiker Pythagoras wurde hier mit der Laute dargestellt – die Ansicht, dass er der Begründer der mathematischen Analyse der Musik gewesen sei, war in der Antike allgemein verbreitet und akzeptiert.

* Einen Höhepunkt erlebte die süddeutsche Plastik in den Werken von Jörg Syrlin und Hans Multscher. Jörg Syrlin d. Ä. (1425 – 1491), Schreiner und Bildhauer, lebte und wirkte in Ulm. Seine bekanntesten Werke in dieser Stadt sind der sogenannte Dreisitz und das Chorgestühl im Ulmer Münster sowie der steinerne Fischkastenbrunnen auf dem Rathausplatz.

Karg-Nische
Rest eines Wandaltars,
entworfen von Hans Multscher;
Ulmer Münster

Im Jahre 1430 ließ Konrad von Karg, einer der einflussreichsten Patrizier seiner Zeit in Ulm, an der Rückwand des südlichen Seitenschiffes im Ulmer Münster einen reich ausgestatteten Schrein in die Mauer einfügen, den Hans Multscher* verfertigte. Leider wurde die figürliche Ausstattung durch die Bildstürmer im Jahr 1531 zerstört, doch selbst die verbliebenen Reste zeugen noch von der hervorragenden Qualität der künstlerischen Arbeit des Ulmer Bildhauers und Malers, der unter seine Arbeit folgende (lateinische) Inschrift setzte: *Durch mich Hans Multscher von Reichenhofen, Bürger von Ulm, mit meiner Hand errichtet.*

* Hans Multscher, der in Ulm eine gut gehende Werkstatt mit vielen Gesellen betrieb, war Steinbildner, Bildschnitzer, Tafelmaler, Fassmaler, Kunstschreiner und Modelleur zugleich. Er galt als Vorreiter der „Ulmer Schule", die Ulms Blütezeit in der Malerei und Plastik der Spätgotik und Renaissance markierte, zu welcher bekannte Künstlerpersönlichkeiten wie Michel Erhart, Jörg Syrlin d. Ä., Nikolaus Weckmann, Bartholomäus Zeitblom, aber auch der Augsburger Maler Hans Holbein d. Ä. und die Glasmaler Jakob und sein Sohn Hans Acker gerechnet werden.

Das Jüngste Gericht
Ulmer Münster

Blick zum Chorbogen mit dem Weltgericht: Ein Hauch des Himmlischen auf 145 Quadratmeter. Dieses größte Fresko nördlich der Alpen ist möglicherweise das Werk des Ulmer Malers Hans Schüchlin aus dem Jahre 1471

In tiefer Ergriffenheit spiele ich heute Bach, Mendelssohn und César Frank auf der herrlichen Orgel des herrlichen Münsters zu Ulm! Ach, diese Flöten! Mein Traum in Afrika wird sein, wieder auf dieser Orgel zu spielen.

So schreibt Albert Schweitzer, Theologe, Organist, Musikwissenschaftler und als Arzt Schöpfer des Urwaldspitals von Lambarene über das Münster, in dem das steinerne Bild Bachs mitten unter den anderen Heiligen und Aposteln steht, am 16. Mai 1929 in das Gästebuch des Münsterorganisten.

Johannes Sebastian Bach
Pfeilerstatue im südlichen Seitenschiff des Münsters,
geschaffen 1907 von Hofbildhauer Karl Federlin

**Gotische Lieblichkeit:
Maria mit Kind**
Münster Hauptportal,
Eingangspfeiler

Die Zärtlichkeit der Seele –
dieses Madonnenantlitz
lässt sie erkennen –
und offenbart eines:
Dienst am Heiligen
und ein Ja zum irdisch-
mütterlichen Dasein.

Engel sterben nie, Engel musizieren ewig, um dem Weltraum und uns ein zusätzliches Geheimnis zu geben.

In der Konsole unter dem weich fließenden Saum des Mariengewandes kleine Engel, sanft umhüllt von den eigenen Flügeln, geborgen in Musik.

Cool: Köln gratuliert Ulm
Plakat an einer Straßenbahn-Haltestelle

Jubiläumsjahr 2015
Ulm feiert 125 Jahre seit der Fertigstellung des Münster-Hauptturms.

Heraldik auf hohem Sockel
Schild mit Reichsadler und Ulmerschild in Löwenpranken

Löwenbrunnen auf dem Münsterplatz,
1590 von dem Steinmetz Peter Schmid gestaltet

Sonnenuhr
Ulmer Münster

Der am sogenannten Böblingerpfeiler in Sgraffito verewigte Himmelsmeteorologe Petrus warnt vor Blitz und Donner und preist die sonnigen Stunden.

Lutherrose
Reformationsportal; Münster

Die Rose war das Siegel, das Martin Luther ab 1530 für seinen Briefverkehr verwendete. Seither ist sie Symbol der evangelisch lutherischen Kirchen.
Im Jahr 1530 entschied sich die Ulmer Bürgerschaft in einer Abstimmung mit großer Mehrheit für den Übertritt zum Protestantismus. Ein Jahr danach wurde die Reformation in der Stadt und im Herrschaftsgebiet durchgeführt und das Ulmer Münster ein Gotteshaus der evangelischen Kirche.

Schlussstein mit Christuskopf
äußere Münster-Südfassade,
ehemalige Roth'sche Kapelle

Ein Stein, in dem sich Strebendes bündelt, jeder Bogen Vollendung findet, alle Spannung aufgehoben wird: Christus-König, zugleich unser Richter und Retter, wenn es zu den letzten Dingen des Einzelnen und der ganzen Schöpfung kommt.

1890
Ein Turm wird in den Himmel geschoben

Am Anfang der für den Ulmer Münsterbau verantwortlichen Baumeister stehen die berühmten Parler, denen die Ensinger folgten. Der anspruchsvolle Turmentwurf des Ulrich von Ensingen erregte überall Aufsehen. Doch je höher der Turm emporwuchs, umso schwieriger wurden die statischen Probleme, sodass zu Beginn des 16. Jahrhunderts die Seitenschiffe unterteilt wurden. Generationen bauten an diesem imposanten Bau, bis der katholische Glaubenseifer in den Wirren der Reformation erlosch, und erst im 19. Jh. August Beyer nach Plänen von Ulrich von Ensingen (um 1400) und Matthäus Böblinger (um 1480) mit neuen technischen Mitteln den Hauptturm (Westturm) vollendete. Am 31. Mai 1890, abends 18 Uhr, wurde in einem feierlichen Akt der Schlussstein des Turmes gesetzt, wovon der *Schwäbische Merkur* berichtete:

Es wird der Choral „Nun dankt alle Gott" vom Münster geblasen. Die große Menschenmasse, welche sich auf dem beflaggten Münsterplatz eingefunden hatte, hörte den Choral tiefbewegt an; und als gutes Zeichen für das Gelingen des Münsterfestes und die Zukunft des Domes hat es gewiss jeder Zeuge des feierlichen Aktes genommen, dass die Sonne, nachdem es den Tag über geregnet hatte, gerade jetzt den Wolkenschleier durchbrach und fortan den herrlichen Bau golden überstrahlte.(...) Stadtpfarrer Pflederer brachte auf den Meister und die Werkleute des Baues ein Hoch aus, das mit den Worten schloss: Ehre und Anerkennung allen Werkleuten und Gehilfen, dem ganzen Arbeitspersonal, das an dem Bau gearbeitet! Ruhm, unsterblichen Ruhm dem großen Meister!

(Aus: Schwäbischer Merkur 1890, „Der Ehrentag Ulms", Stadtarchiv Ulm)

Spitzentreffen; Münster

Steingehäkelte Gotik; Chorfassade mit Galerie und Strebepfeilerfialen; Münster

◁ Suchbild

Wo sitzt Ulms inoffizieller Wappenvogel?

Schon nach der Vollendung des Münsters landete ein Ur-Vogel auf dem Münsterdach hinter dem Hauptturm. Ob er einen Reichsadler, eine Dohle oder eine Taube darstellte ist bis heute unklar, weil er nie näher beschrieben wurde. Da der Vogel 1858 bis zur Unkenntlichkeit verwittert war, ließ ihn der damalige Münsterbaumeister Ferdinand Thrän durch einen neuen ersetzen, welcher 1888 nochmals mit einem kupfernen Spatzen ausgetauscht wurde. Das Original von 1858 befindet sich heute im Ulmer Münster unweit des Eingangs in einer Vitrine.

Vorbeugende Denkmalpflege; Münster

Vertikale, aufstrebende Baulinien, im Innern wie außen.
Unser Blick wird nach oben gezogen, fast emporgerissen.
Gotik – steingewordene Schwerelosigkeit.

Valentinskapelle

1458 an der Ostseite des früheren Münsterfriedhofes als Grablege für die Ulmer Patrizierfamilie Rembold errichtet, verlor die gotische Backsteinkapelle schon während der Reformation ihre sakrale Funktion.
Im Dreißigjährigen Krieg diente der Bau als Schmalzlager, was zu der noch heute verwendeten Bezeichnung „Schmalzhäusle" führte. 1894 wurde die Kapelle an die evangelische Kirchengemeinde übereignet. Heute wird sie von der russisch-orthodoxen Glaubensgemeinde für Gottesdienste genutzt.

Heinrich Rembold, des alten Heinrich R. Sun hat gestiftet diese Capell 1458, dem Gott gnädig sei lebendig und todt.

(Inschrift über dem Eingang)

Delfinbrunnen
neben Münster und Valentinskapelle

Ein Werk der Renaissance, von W. Neidhardt d. Ä. 1585 geschaffen, im Jahr 1678 überarbeitet und ergänzt

Stele zum Gedenken an die „Weiße Rose"

entworfen 1994 von Otl Aicher, Designer und Gründungsmitglied der ehemaligen Ulmer Hochschule für Gestaltung; Münsterplatz

*Im Haus Münsterplatz 33
lebten von 1939 – 1942
Hans und Sophie Scholl
mit ihren Eltern
und Geschwistern.
Mit ihrem Freundeskreis
„Die Weiße Rose"
widersetzten sie sich
dem Terror des
Nationalsozialismus
und wurden
am 22. Februar 1943
vom Volksgerichtshof
zum Tode verurteilt
und hingerichtet.*

(Inschrift der Stele)

Zwischen Licht und Dunkelheit
„Weiße Rose", Bodenplatte der Stele

*Wir schweigen nicht.
Wir sind Euer
schlechtes Gewissen.
Die Weiße Rose
lässt Euch keine Ruhe!*

(Aus den Flugblättern der *Weißen Rose*)

Das Stadthaus

Münster und Ulmer Stadthaus
immer wieder in die Achsen von
Aus- und Durchblicken gerückt

von dem New Yorker Architekten
Richard Meier entworfen
(Bauzeit 1991 – 1993),
dokumentiert den Stilbegriff
unserer Zeit:
Nicht mehr der äußere Prunk
ist heute die Repräsentation,
sondern die Schlichtheit
klarer Formen.

Wer gut zu horchen
versteht, mag den
leisen Klang einer
schlichten und klaren
Melodie vernehmen,
die in heller
einheitlicher Gelas-
senheit
durch den Bau zieht.

Innenansichten; Stadthaus

Das Wichtigste ist Licht. Licht ist Leben.

(Richard Meier)

Stadthaus
oberste Etage

„Jakobsleiter" oder Swimmingpool?

Der Himmel über Ulm

Aus Sehnsucht wird Weitblick

Ulms Mut,
Zukunft zu gestalten

Die Neue Mitte

Die scharfe Kante des Münstertors,
ein Stephan Braunfels-Bau

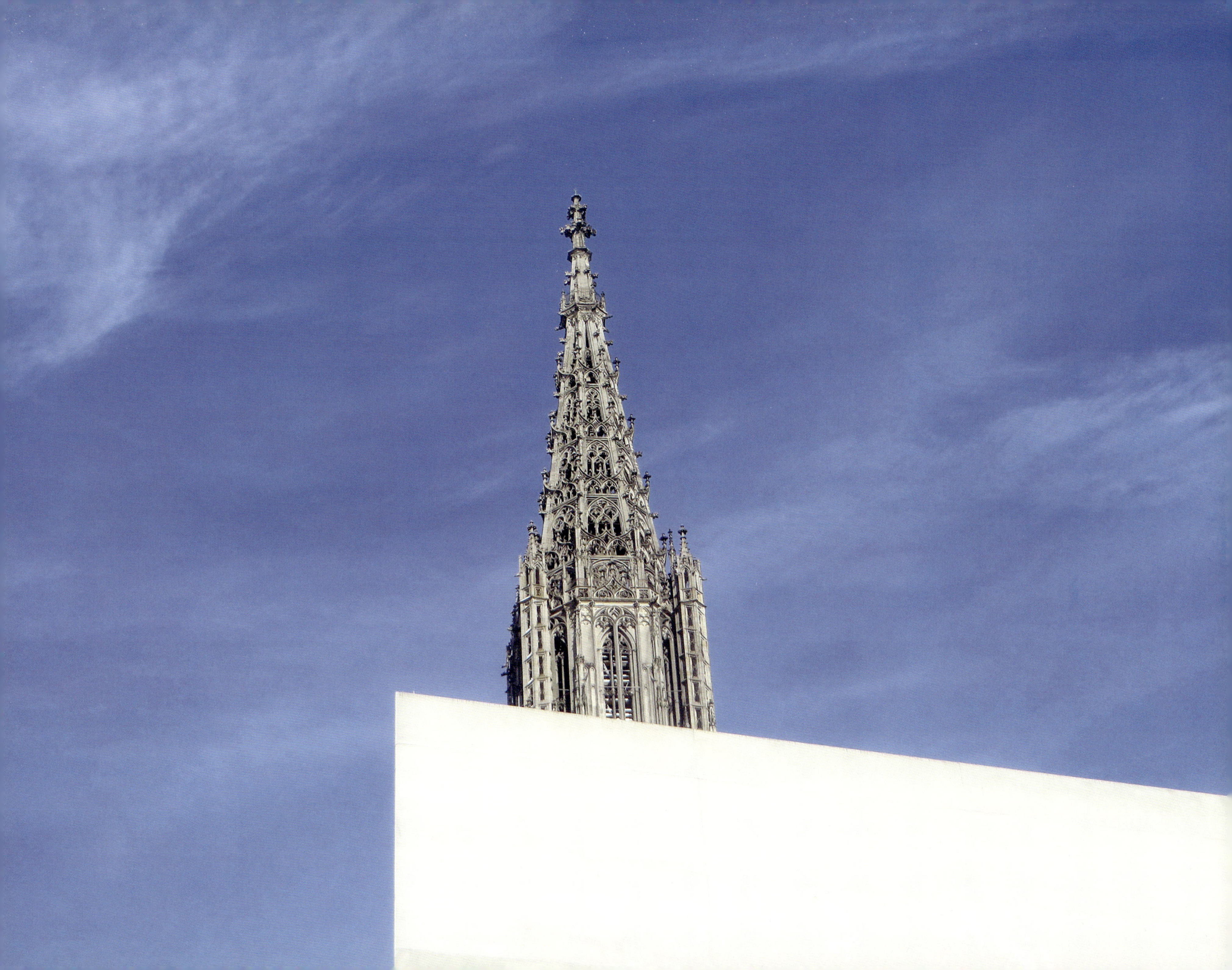

„Nie wieder Bomben"
mahnen uns Gegenstände, die aus Schutt und Asche der zerstörten Häuser geborgen wurden.

Man spricht sogar von Deutschlands schönster Tiefgarage

Das Parkhaus* am Rathaus – eine Verbindung zwischen Alt und Neu

Im Treppenhaus erinnern Steinquader aus der Stauferzeit an das Stadtzentrum des 12. Jahrhunderts, im Eingangsbereich zeugt eine kleine, doch anrührende Ausstellung von der Zerstörung Ulms am 17. Dezember 1944, während in den Parkdecks zwischen hohen Säulenalleen ein roter Teppich ausgerollt wird – wenn auch nur mit Hilfe von Farbe.

*2009 erhielt es den begehrten Hugo-Häring-Preis für vorbildliche Bauwerke in Baden-Württemberg

Zwiegespräch – rechts die vorkragenden Arkaden der Ulmer Sparkasse (Architekt Stephan Braunfels), links die Kunsthalle Weishaupt

Kunsthalle Weishaupt

In der Kunsthalle Weishaupt – von dem Unternehmer Siegfried Weishaupt mit privaten Mitteln realisiert und 2007 nach Plänen des Architekten Wolfram Wöhr, eines Schülers von Richard Meier, erbaut – erleben wir wegweisende Künstler der Moderne wie Mark Rothko, Kenneth Noland, Robert Rauschenberg, Roy Lichtenstein, Andy Warhol, Dan Flavin oder Keith Haring.

Während die Nordseite der Kunsthalle, ein mausgrauer, fast fensterloser Block, kaum Offenheit signalisiert, fängt die gläserne Südflanke sämtliche Sonnenstrahlen ein und bündelt sie auf der Treppenkaskade zu einem faszinierenden Linienspiel.

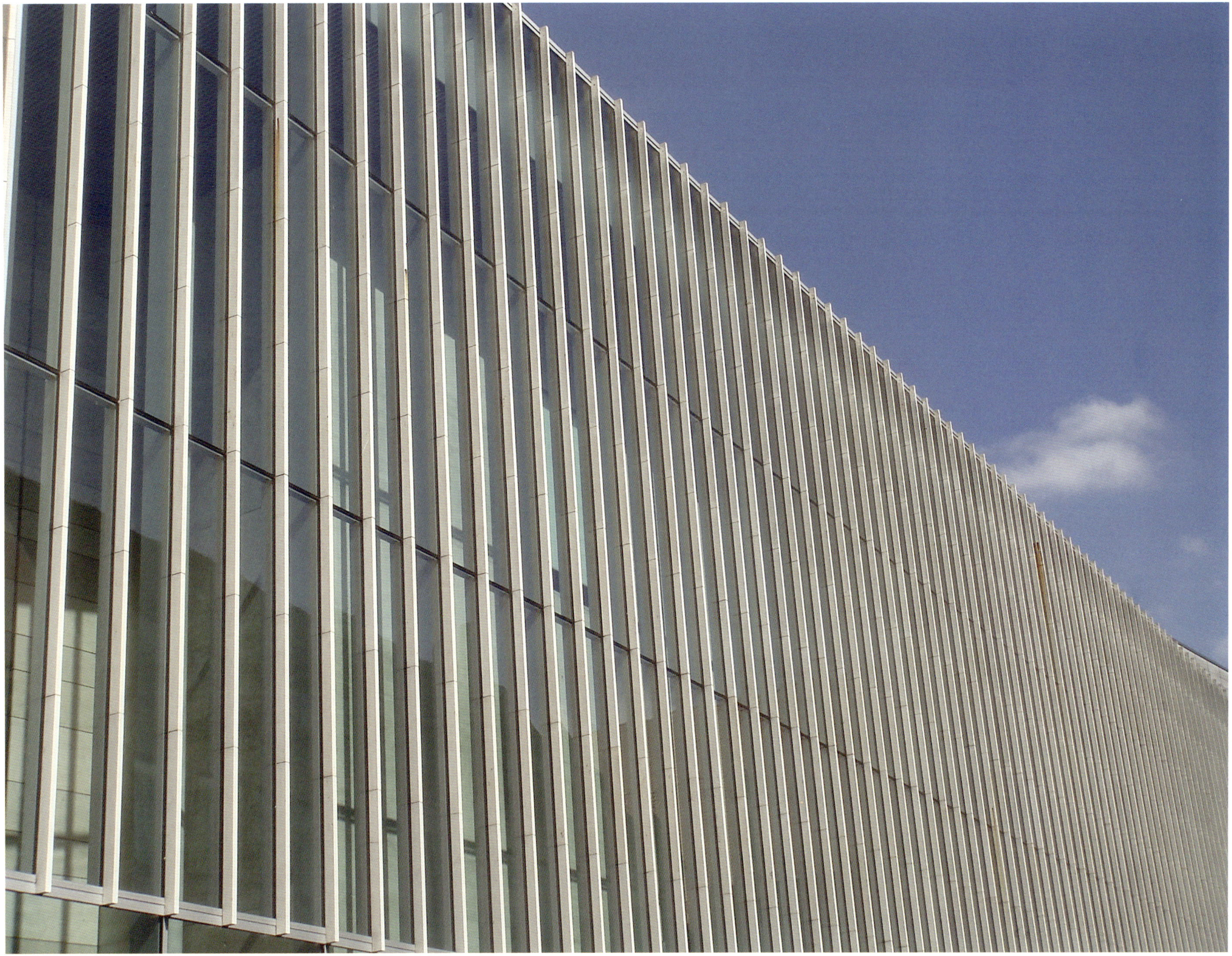

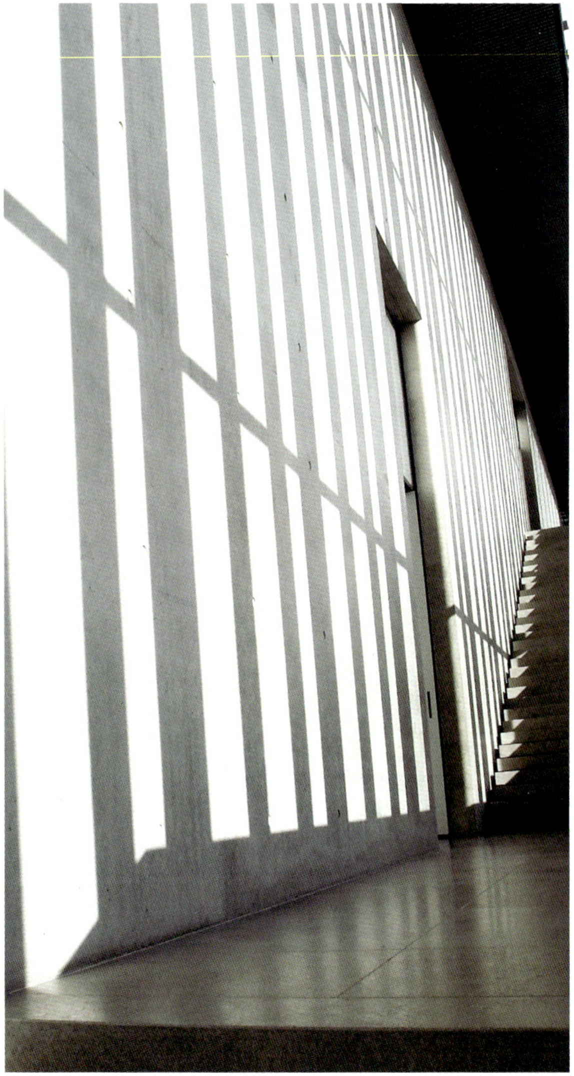

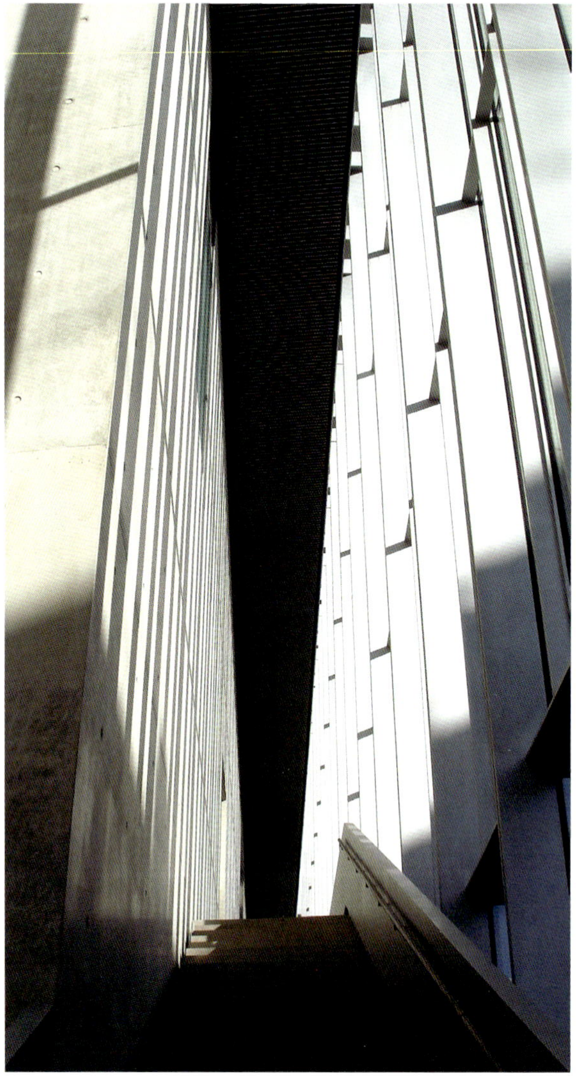

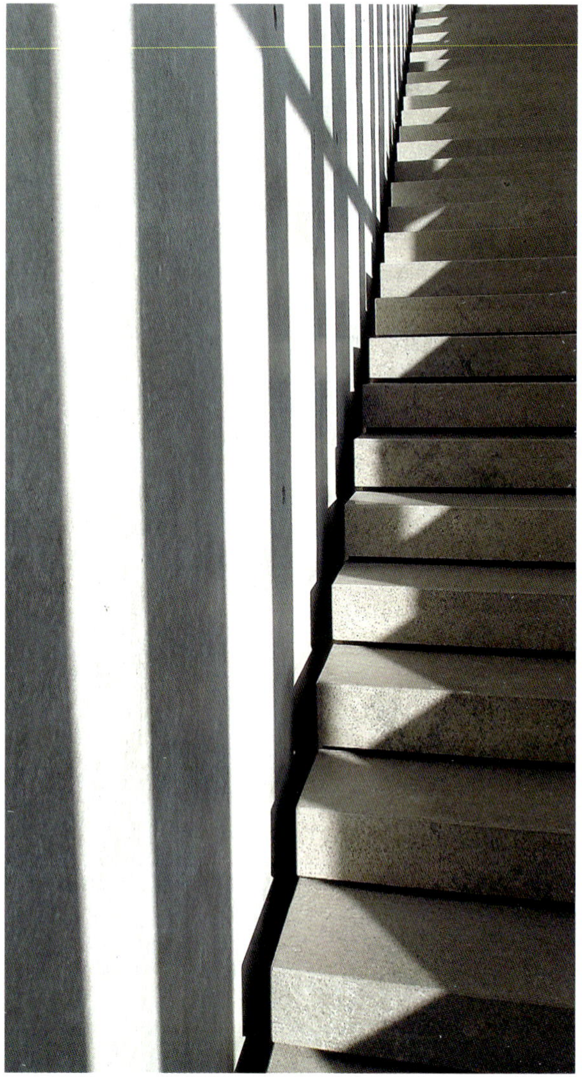

Museumssteg
Ein transparenter, schwebender Steg
verbindet die Kunsthalle mit dem
städtischen Ulmer Museum

Schönheit der Vertikale
Blick aus dem
Museumssteg auf
Kunsthalle und Münster

Städtisches Ulmer Museum

vermittelt Kunst aus Vergangenheit und Gegenwart

Die älteste Mensch-Tier-Plastik der Welt:
Der Löwenmensch.
Entstanden ist die Figur vor 35.000 bis 40.000 Jahren im sogenannten Aurignacien, kurz nachdem der Homo sapiens, also der moderne Mensch, erstmals Europa besiedelte. Gefunden wurde das rund 31 Zentimeter hohe Mischwesen aus Mammutelfenbein in der Höhle Hohlenstein-Stadel im Lonetal. Nach einem aufwendigen Restaurierungsprojekt 2012/13 in Esslingen, kehrte die nunmehr aus über 300 Bruchstücken zusammengesetzte Figur wieder ins Ulmer Museum zurück.

Thronende Maria mit Kind
unbekannter Bildschnitzer, Oberschwaben, Anfang 13. Jahrhundert; Städtisches Ulmer Museum
Diese Maria-Kind-Gruppe, Typus *Hodegetria** ist ein rein mit Symbolen spielendes Werk. Uns bleibt die Möglichkeit, es als Gefäß individueller Glaubensfreiheit aufzufassen oder als erstarrte Hülse und Form.

* Die Bezeichnung geht auf eine alte byzantinische Marienikone zurück, die sich im ehemaligen Blindenasyl der Wegführer (hodegoi) auf der heutigen Serailspitze befand und nach diesem Ort *Hodegetria* oder *Wegführerin* genannt wurde.

Kiechelsaal
Ulmer Museum

Das mit aufwändigen Dekorationen verzierte Portal im zweiten Obergeschoss des Kiechelhauses spiegelt das Schmuckbedürfnis der Zeit um 1600 wieder. Schöne und beherzte Frauen boten immer wieder Legenden Stoff, in Ulm ist folgende bekannt:

Als die Nachricht kam, dass die Franzosen Kehl erobert und den Rhein überschritten hätten, herrschte große Freude in Bayern, welches sich mit den Franzosen gegen das alte Kaisertum Österreich verbunden hatte. In allen Wirtshäusern trank man auf das Wohl des Königs von Frankreich. Auch im „Schwanen" von Ulm, einem beliebten Gasthaus, das 1785 abbrannte, saßen einige bayrische Offiziere, die auf das Wohl des Königs von Frankreich tranken und anschließend im Übermut ihre Gläser zum Fenster hinauswarfen. Lauthals nötigten sie die Schwanenwirtin Sabine Heilbronnerin, deren Gesinnung sie kannten, mit ihnen anzustoßen. Sie tat es, rief aber dabei: „Es lebe Kaiser Leopold!" Nach dem Trunk warf auch sie das Glas zum Fenster hinaus. Es zerbrach nicht!

Red Dog for Landois

Monumental-Plastik
von Keith Haring, 1985;
Hans-und-Sophie-Scholl-Platz

Wen er da wohl anbellt?

Der Künstler selbst liefert die Antwort:

*Der ‚Red Dog for Landois' ist ein Monument
für die Vorstellungskraft und ein Aufruf
gegen einen blinden Fortschrittsglauben.*

(Keith Haring)

Die Neue Straße nachts, links das Rathaus, rechts die Ulmer Sparkasse. Die Ulmer Sparkasse entwirft jährlich maßgeschneiderte Ausstellungskonzepte, die individuell auf die jeweilige Unternehmensstrategie eingehen. In den letzten Jahren erreichten auch große Kunstwerke (Chagall, Miro, Picasso) nicht nur Mitarbeiter und Kunden sondern auch die Öffentlichkeit. Weiß man doch, Kunst ist nicht Dekoration, Imageträger und Zugpferd für Wirtschaftsinteressenten, sondern anregendes und unentbehrliches Lebenselement.

Neue Straße

Blick auf die gläserne Schaufront der Kunsthalle, dahinter die Wandskulptur „The Crotch" des amerikanischen Künstlers Frank Stella

Hier ist verwirklicht, was der spät einsichtig gewordene deutsche Städtebau seit einigen Jahren anstrebt, aber selten erreicht: Bauen im Bestand, das ohne populistische Stil-Imitate, aber auch ohne die flegelhafte Kraftprotzerei schnelllebiger neuester Architekturmoden auskommt. Ulm hat wahrlich eine wunderbare Neue Mitte. Sie gipfelt im diskreten noblen Charme der neuen „kunsthalle weishaupt".

(Dieter Bartetzko, Architekturkritiker und FAZ-Autor, „Balance aus Wucht und Anmut")

Doppelgiebelhaus

mit weinroter Lamellenfassade,
entworfen von Herbert Schaudt;
Sitz der Museumsgesellschaft,
Hans-und-Sophie-Scholl-Platz

Im Mittelalter und der Frühen Neuzeit trafen sich hier, zur Abgrenzung gegenüber der übrigen kommunalen Bevölkerung, die Patrizier – die Gesellschaft zur „Oberen Stube", die mindestens 300 Jahre das gesellschaftliche Zentrum des Ulmer Patriziats darstellte. Der Luftangriff vom 17. Dezember 1944 zerstörte die „Obere Stube" fast vollständig. Das neue Gebäude an demselben Standort griff die alte zweigiebelige Form wieder auf.

Ulmer Rathaus
Südfassade

Das 1370 als „neues Kaufhaus" erbaute Gebäude diente in seinen Anfängen vorrangig wirtschaftlichen Zwecken. In seinem Erdgeschoß befand sich eine acht Meter hohe Verkaufshalle der Metzger. Erst 1419 wurde das Gebäude erstmals als Rathaus bezeichnet. An seiner Gestaltung beteiligten sich bedeutende Künstler wie Martin Schaffner (um 1478 bis nach 1546) und Hans Multscher (um 1400 bis 1467), sodass es bald zu den schönsten Deutschlands gezählt wurde.

Kepler-Gedenktafel
Rathaus, Südfassade

Der Mathematiker und Astronom Johannes Kepler hielt sich in den Jahren 1623-1627 in Ulm auf. In diese Zeit fiel die Ausarbeitung der Rudolfinischen Tafeln und die Fertigstellung des berühmten Kepler-Kessels, der sich heute im Ulmer Museum befindet.

Erker-Türmchen
Rathaus, Südost-Ecke

Der Volksmund erzählt, dass man einst in diesem schmalen Türmchen jene Ratsmitglieder, welche gegen ihre Verschwiegenheitspflicht verstoßen hatten, einsperrte. Dem kleinen Durchmesser des Erkers zufolge gab es aber derer nicht viele.

Leinen- und Barchentweberei blühte in Ulm und Oberschwaben. Die Donau als Fernhandelsweg war von großer Bedeutung. Zahlreiche Wappen über der Zille verkörpern die Städte und Länder, mit denen die Freie Reichsstadt Ulm rege Handelsbeziehungen unterhielt, wobei die Ulmer Schachtel im Transport der Waren eine wichtige Rolle innehatte.

Die drei Prunkfenster mit den Skulpturen der sechs Kurfürsten, geschaffen von Meister Hartmann (1425), und der südöstliche Erker sind durch dekorative Bemalung zu einer wirkungsvollen Einheit zusammengefasst.

1898 bis 1905 wurden umfassende Renovierungsmaßnahmen getroffen mit Außenrestaurierung des Gebäudes und Rekonstruktion der Wandmalereien.

Plastiken an den beiden Ostfenstern

Werke von Hans Multscher

Die Figur des Kaisers wird von zwei Schildknappen und den Königen von Böhmen und Ungarn flankiert; sämtliche Originale befinden sich im Ulmer Museum.

Schildknappe

Hans Multscher
(um 1433)

Stolz zeigt der junge Knappe den Schild mit Königsadler, dem Sinnbild der Reichsfreiheit; Rathaus, Ostfassade.

Ostseite mit Huldigungskanzel
Rathaus

Die Fassadenbemalung wird Martin Schaffner zugeschrieben (1540). Sie behandelt Themen wie Göttliche Weisheit, Selbsterkenntnis und Gerechtigkeit. Bis heute wurden die Bilder mehrfach restauriert.

Rathauskanzel

„So ist der Kaiser (Karl V.) drauf gestanden, und neben ihm einer mit dem bloßen Schwert, und einer auf der anderen Seite, der dem Volk den Eid vorgegeben hat. Also hat man ihm geschworen, dass man ihm hold und günstig sein wolle und gehorsam in allen aufrechten, redlichen Sachen."

(Sebastian Fischer, Ulmer Chronist, 1513 – 1554)

Weiter erfahren wir von S. Fischer, dass üblicherweise von diesem Balkon aus auch Todesurteile verlesen wurden.

Wasserspeier
Rathauskanzel

Zeigt der Kauz, der sich unter die Kanzel kauert, den Vorübergehenden die Zunge oder gibt er ihnen, angesichts der Kommunalpolitik, einfach zu verstehen: *„Des isch zum..."*? Wir wissen es nicht. Und das ist gut so.

Ihr Geheimnis ist die Zeit

Die astronomische Uhr am Ostgiebel des Rathauses, ein Meisterwerk der mittelalterlichen Uhrmacherkunst mit insgesamt 15 verschiedenen Funktionen, wurde 1581 von dem aus Schaffhausen stammenden Uhrmachermeister Isaak Habrecht hergestellt und einst sogar in einem Lobgedicht auf Ulm als „einmalig in ganz Teutschland" gepriesen.

Wer genau Bescheid weiß, dem zeigt diese technische Wunderleistung nicht nur die Zeit an, sondern auch Sonnenaufgang- und Untergang, die einzelnen Mondphasen, Mond- und Sonnenfinsternisse, auf dem Kalenderkreis das Datum und schließlich noch den Sternentag und die jährliche Bewegung der Sonne im Tierkreis. War es etwas zu viel des Wissens für die damaligen Bürger der Stadt? Kein Wunder, dass darüber eine gewöhnliche Uhr angebracht wurde und auf dem aufgesetzten Glockentürmchen auch noch die Stunden angeschlagen werden. Nicht übersehen sollten wir den „Chronisten", der, mit Brille und Gänsekiel ausgestattet, aus dem obersten (gemalten) Rundfenster des Giebels auf die Uhr herabschaut, den Verlauf der Zeit notiert. Und unter ihm nochmals ein Stundenmesser – eine von Engeln gehaltene Sonnenuhr.

Nehmen wir uns Zeit für die Betrachtung des Uhrengiebels und des farbigen, bildfrohen Wandschmucks. Und nicht nur dafür.

1540

Er hat alles im Blick

Die Malerei in der Spitze des Rathausgiebels zeigt einen Bürger, der unbeobachtet von oben herab das Geschehen auf der Straße verfolgt. Hier sei die Anekdote vom pfiffigen Ulmer Kuhhirt erwähnt:

Die Ulmer hatten einst einen Kuhhirten angestellt, der jedoch, wie bald zu bemerken war, kein besonders großes Pflichtbewusstsein besaß und sein Amt sehr lässig versah. Also beschloss der Stadtrat, ihn abzusetzen. Während dieser Beschluss gefasst wurde, hatte der Kuhhirt jedoch an der Türe gehorcht. Um seiner Absetzung zuvorzukommen, trat er deswegen selbst in den Sitzungssaal und verlangte entschieden seinen Abschied. Seitdem heißt es über ähnlich weitblickende Leute: „Der macht's wie der Ulmer Kuhhirt".

Das Ulmer Stadtwappen
über den Portalen des Rathauses

Der Ulmer Chronist Felix Fabri vermittelt uns 1488/89 zahlreiche Interpretationen zu der Farbwahl Schwarz-Weiß. Hier nur einige davon:

Es gäbe eine Überlieferung, so Fabri, wonach Ulm eine Gründung der Herren von Klingenberg sei, von denen auch die nahe Burg Klingenstein ihren Namen habe.

*(…) Zum Zeichen dafür haben sie den Ulmern ihr Abzeichen gegeben: Wappen, Fahne und Schild, mit zwei sehr edlen Farben, Schwarz, Weiß geschmückt.
Andere sagen, dass zu der Zeit, als die Sueven (Schwaben) die Stadt Siena erbauten, (…) die Ulmer durch ihre denkwürdige Anstrengung mit der Zustimmung aller Fürsten verdient haben, die Abzeichen dieser Stadt umgekehrt zu tragen. Es haben nämlich die Einwohner von Siena das Weiß oben und das Schwarz unten, die Ulmer aber umgekehrt.*

Auch berichtet Fabri, dass der Bürgermeister mit der Unterstützung sämtlicher Gemeindefraktionen jahrelang vergebens von dem Kaiser ein Wappen erbat. Das stand der Stadt nämlich zu.

Verärgert über die Hartnäckigkeit dieser Forderung musste sich seine Hoheit aber eingestehen, dass er bei einem Rechtsstreit verlieren würde. So zog er, als er mal wieder in Ulm weilte, verstimmt sein Taschentuch hervor, faltete es einmal, warf es zu Boden und trat mit seinem Fuß darauf. Danach hob er das Tuch auf, klappte es auseinander und sprach: Das soll von nun an das Wappen der Stadt Ulm sein. Schwarz und Weiß.

Und noch eine Deutung des Stadtwappens durch das Stadtarchiv:

Entstanden ist der Ulmer Schild wahrscheinlich aus den schwarzweißen Fahnen der Ulmer Bürger aus den Zünften, die 1345 die Mitbeteiligung am Stadtregiment erzielten.

Fliegen – für ihn mehr als nur Phantasie

Im Lichthof des Rathauses hängt die Nachbildung des Flugapparates von Albrecht Ludwig Berblinger, Ulmer Schneider, Erfinder und Konstrukteur, mit welchem er 1811 seine Flugdemonstrationen startete.

Denkanstoß in Richtung Gerechtigkeit

Im Laufe der Jahre dunkel und durch die letzten Renovierungsarbeiten kaum heller geworden ist das schmale, von Martin Schaffner im Jahr 1540 gemalte Bild zwischen zwei Fenstern der Rathaus-Nordfassade von Passanten kaum wahrzunehmen. Ich habe es sehr aufgehellt, damit die Zeichnung erkennbar wird: Ein Spinnennetz, in welchem viele kleine Fliegen gefangen sind; und falls man sich fragt, wo denn die großen wären, findet sich die Antwort in dem darunter stehenden Text, der in heutigem Deutsch folgendermaßen lautet:

Viele Gesetze können wir mit dem Spinnennetz vergleichen, das starken Wespen nichts schadet, das aber viele kleine Fliegen tötet.

Wol müg wir gleichen vil gesetz/
Dem sprichwort von der spinen netz
Das starcker wehlen kaynen nodt.
Ond klainer mücklin vil ertödt

Fischers frische Fische im Fischkasten

Ein großes Problem für die Fischer war das Frischhalten ihrer Ware. Die Zunftmitglieder hatten daher das Recht, an den Markttagen die lebenden Fische in diesem Fischkastenbrunnen einzusetzen. Häufig sperrte man auch den frischen Fang aus der Donau, Iller oder Blau, zu dem die Fischer Reusen, Zug-und Wurfnetze benutzten, in eine gelöcherte Holzkiste, *Kalter* genannt, und stellte diese in die Blau. Im Fischerviertel gab es auch einige Häuser mit gemauerten Becken im Keller, den sogenannten *Dauten*, die vom Wasser der Blau durchspült wurden. So war immer für frische Ware gesorgt.

Knappe mit dem Ulmer Schild
Fischkastenbrunnen, auch Syrlin-Brunnen genannt; Rathausplatz

Ulms ältester Brunnen wurde 1482 von Jörg Syrlin als krönender Mittelpunkt des Rathausplatzes geschaffen. Der bemalte „Fischkasten" mit seiner fialengekrönten Brunnensäule und den drei mittelalterlichen Knappen zeugt von hohem Können des Ulmer Meisters.

Die Zentralbibliothek

zählt zu den größten öffentlichen Bibliotheken Deutschlands

Nach Jean Paul sind Bücher
(im Repositorium)
„die stehende Armee der Freiheit".
Ulm versenkt sie in keine dunkle Büchergruft, sondern ehrt sie in
einer hellen Glaspyramide,
die 2004 Gottfried Böhm entwarf.

Ästhetik im Spiel mit Glas und Stein: Münster und Zentralbibliothek

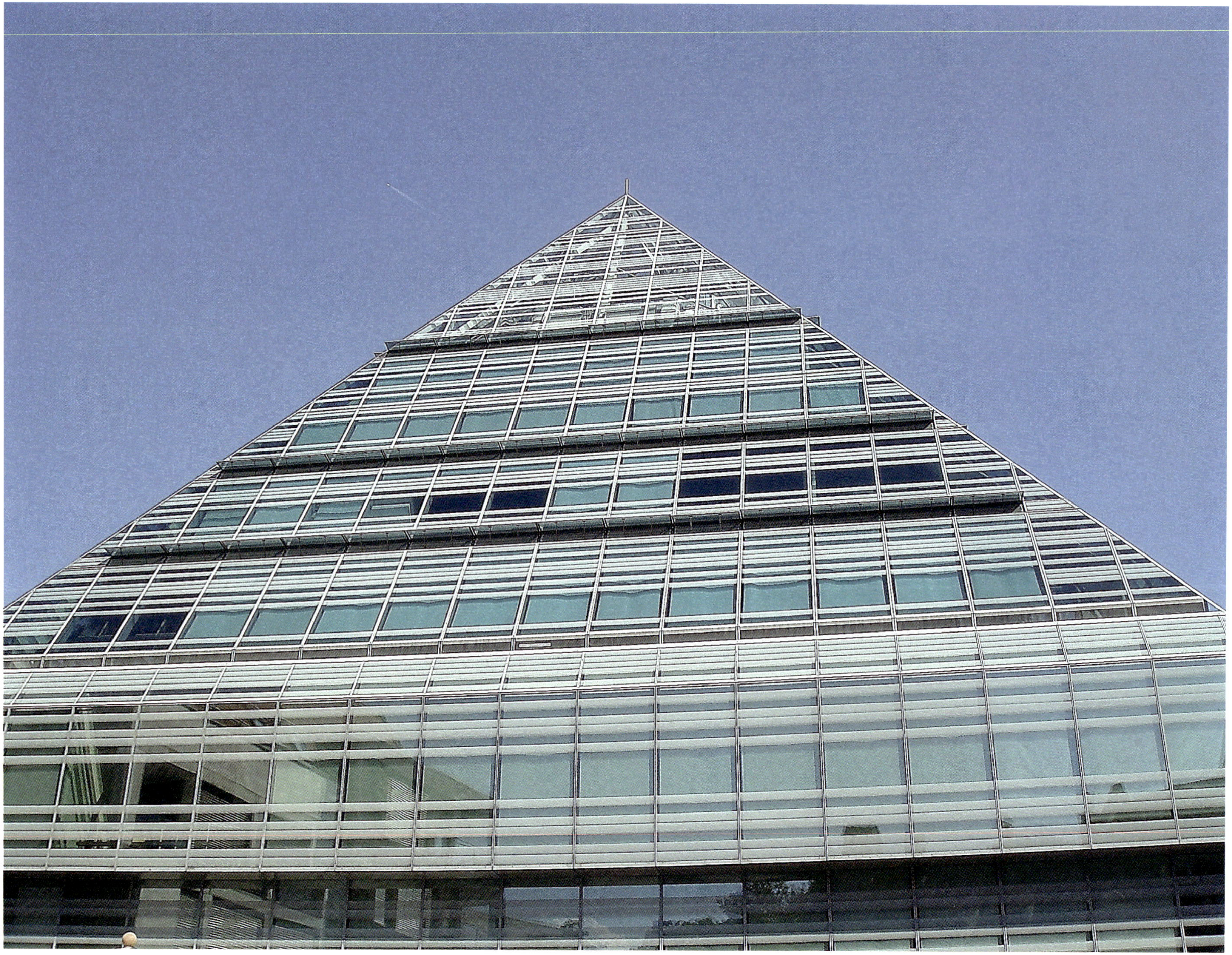

Charakterfest: Zentralbibliothek und altes Fachwerkhaus

Der Große Schwörbrief von 1397
Ulms erste Verfassung, welche die Stadt zu einer der politisch und wirtschaftlich bedeutendsten Reichsstädte des Mittelalters machte.

Die Verfassungsurkunde, ausgestellt von „Burgermaister, Raut und alle Burger gemainlich, rich und arm der Stat ze Ulme" und mit dem Siegel der Stadt beglaubigt, beendete die innerstädtischen Machtkämpfe und schrieb die Zunftherrschaft im Rat fest:
Großer Rat: 30 Zünftige – 10 Patrizier,
Kleiner Rat: 17 Zünftige – 14 Patrizier.

(Aus der Ausstellung „Schätze der Stadtgeschichte – 500 Jahre Archiv der Stadt Ulm", 2015)

Zur Krone
– Ulms älteste erhaltene und äußerst geschichtsträchtige Gaststätte; Kronengasse

Hätte man im Laufe der Jahrhunderte ein Namensverzeichnis der Übernachtungsgäste geführt, wäre dies wie ein *Who's Who* zu lesen. Hier die Gästeparade: Pfalzkönig Ruprecht (1401), Jan Hus (1414), Kaiser Sigismund (1414, 1430 und 1434), Kaiser Maximilian (1492), der römische König Ferdinand (1542), Erzherzog Maximilian (1547), der gefangene Kurfürst von Sachsen im Gefolge Kaiser Karl V. (1550). Nicht zu vergessen die Söflinger Nonnen, die während ihrer Flucht vor den schwedischen Soldaten (1643) hier Unterschlupf fanden, oder den Dichter Christian Friedrich Daniel Schubart, der eine kurze Zeit Krone-Bewohner war.

Nicht auf Sand gebaut
– ein Haus wie ein Schwur:

Das Schwörhaus

Ab 854 befand sich hier auf dem Weinhof die Königspfalz, die Keimzelle Ulms, deren Kapelle auf diesem Hügel bis ins Jahr 1612 existierte. Danach wurde das erste Schwörhäusle, das auf einem Turm* der Pfalz aufgebaut war, durch ein neues, repräsentatives Schwörhaus ersetzt. Nach Brandzerstörung (1785) und Kriegsschäden (1944) immer wieder neu errichtet, zeugt es von der unabdingbaren Verbundenheit zwischen den Bürgern Ulms und ihrem Oberbürgermeister. Jährlich erneuert dieser am „Schwörmontag" vom Balkon des Hauses den historischen Eid aus dem Jahr 1345, *„Reichen und Armen ein gemeiner Mann zu sein in allen gleichen, gemeinsamen und redlichen Ding ohne allen Vorbehalt".*
Heute birgt das Schwörhaus das Gedächtnis der Stadt: das Haus der Stadtgeschichte und das Ulmer Stadtarchiv.

* Ein Wehrturm, der sogenannte Luginsland, an dessen Stelle später das Schwörhaus gebaut wurde, war letztes Zeugnis der staufischen Pfalz.

Christophorusbrunnen
Weinhof

Die 1,80 Meter hohe Christophorus-Figur, die die Brunnensäule auf dem Weinhof, der Keimzelle Ulms, schmückt, stammt aus spätgotischer Zeit. Ursprünglich war die 1480 von Jörg Syrlin d. Ä. geschaffene Figur in einer Kirche aufgestellt, da freistehende Plastiken im Mittelalter nicht üblich waren. Erst gegen Ende des 16. Jahrhunderts kam sie auf die Renaissance-Brunnensäule. Das Original befindet sich heute im Ulmer Museum.

Spannung und Glut des ausgehenden 15. Jahrhunderts
Lebensvolle Wirklichkeitstreue mit einer gewaltigen, von der Mystik erfüllten Ausdruckskraft vereint.

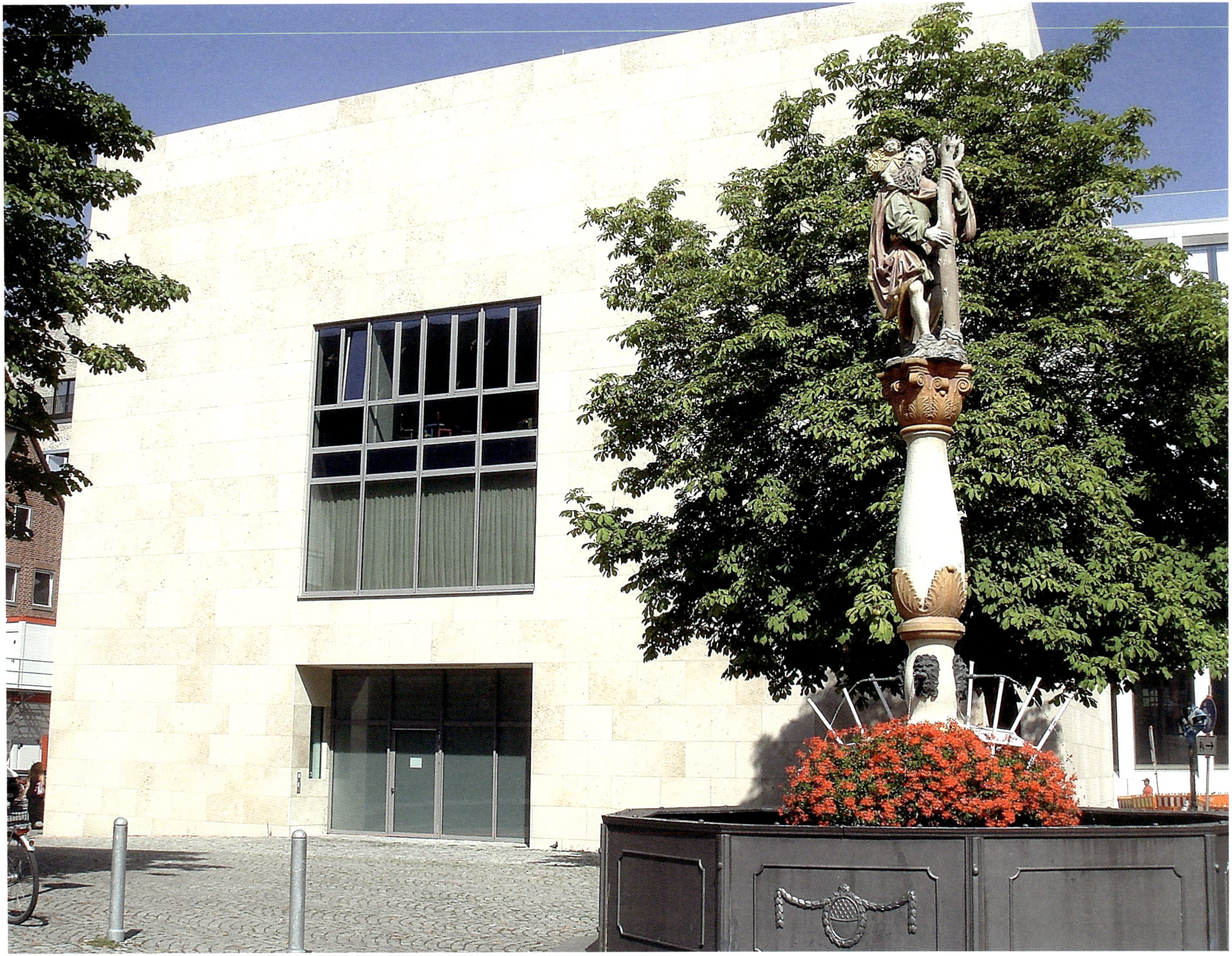

Neue Synagoge

Aufbruchsignal und Hoffnungszeichen

Am Weinhof stand bis zur Zerstörung 1938 durch die Nationalsozialisten die alte Synagoge, 2012 wurde auf demselben Platz, in unmittelbarer Nähe zum Schwörhaus, der Neubau der Synagoge eingeweiht.
Bauherr: Israelitische Religionsgemeinschaft Württemberg K.d.ö.R,
Architekt: Kister Scheithauer Gross

Lassen Sie sich nicht hineintreiben in Feindschaft und Hass gegen andere Menschen, gegen Russen oder Amerikaner, gegen Juden oder Türken, gegen Alternative oder Konservative, gegen Schwarz oder Weiß. Lernen Sie, miteinander zu leben, nicht gegeneinander.

(Aus: Ansprache des Bundespräsidenten Richard von Weizsäcker im Plenarsaal des Deutschen Bundestages anlässlich des 40. Jahrestages der Beendigung des Zweiten Weltkrieges, Bonn, 8. Mai 1985)

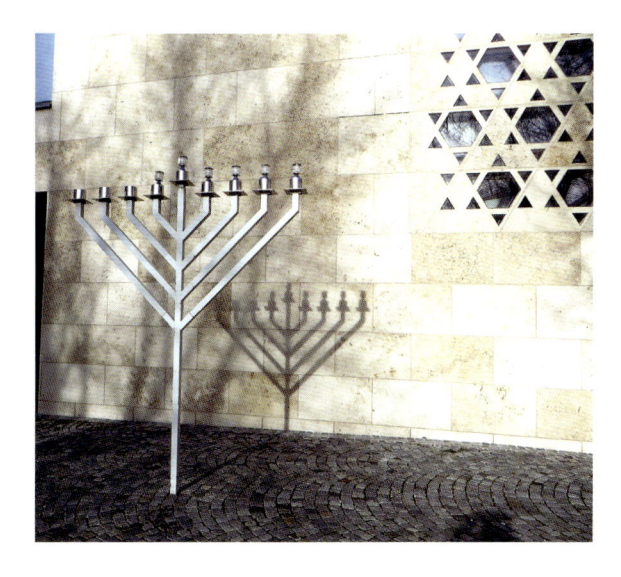

Das große Eckfenster mit dem Davidstern-Motiv markiert die Ausrichtung der Synagoge nach Jerusalem.

Über das Kleine und Intime des naheliegenden Fischerviertels dieser Zug zur Größe... Die Proportionen des Baus und das ausladende Raumgefühl drängen den Bewohnern der Stadt großes Format auf. Doch sie fühlen sich von dem Bau gefordert? Braucht es doch nur ein wenig Neugier und Toleranz, einen Schuss Aufbruchsstimmung, und der Bau belohnt den Betrachter mit freundlichem Entgegenkommen.

Ulmer Sparkasse

Architekten: Büro Lederer+Ragnarsdóttir+Oei/Stuttgart (Gebäude links), Nething-Generalplaner GmbH/Ulm (Gebäude rechts)
Die Fassade aus gleißenden Lichtreflexen und dynamisch-rhythmischen Strukturen wird zur Hommage an eine Europa einigende Währung.

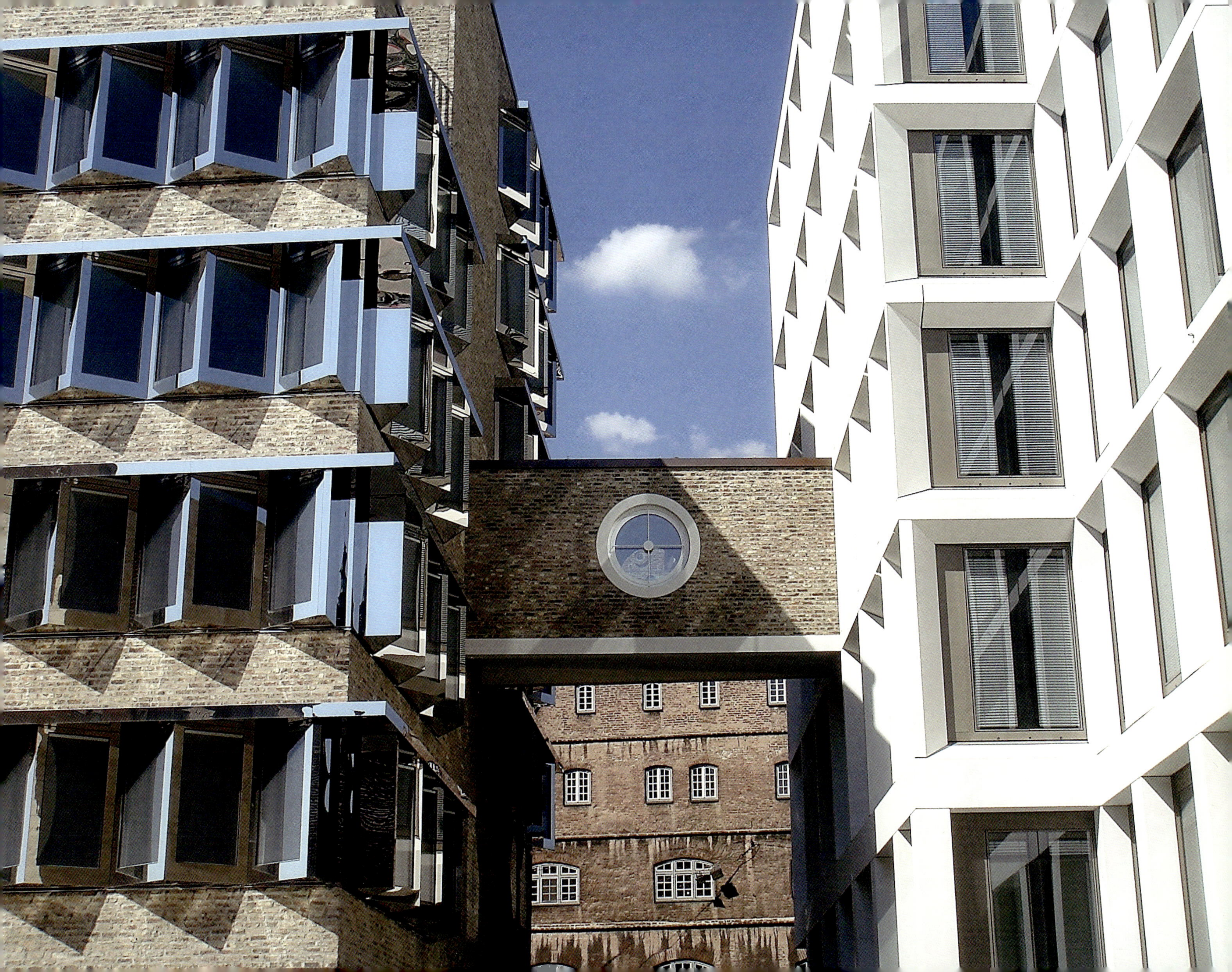

Ulms Stolz auf eine einzige Nacht

Eine auratische Tafel an einer weniger auratischen Gebäudefassade am Weinhofberg gedenkt der Übernachtung Wallensteins am 29./30. Mai 1630 im Hause der Patrizierfamilie Schad (das Haus wurde im Zweiten Weltkrieg zerstört). Generalissimus Albrecht von Wallenstein, Herzog von Friedland und oberster Feldherr Kaiser Ferdinands II. im Dreißigjährigen Krieg, zog nach dieser in Ulm verbrachten Nacht nach Memmingen, wo er Kaiser Ferdinands Entlassungsschreiben zugestellt bekam.

Carpe diem
vor dem Restaurant „Zur Zill" an der Blau

Schon ein alter Sinnspruch behauptet:
 Des Ungemaches finstres Walten
 kommt immer kurz vor Ulm zum Halten.
Die Absperrung wäre demnach gar nicht nötig.

Zur Zill – Blick aus der italienischen Weinstube „Tanivera" auf die „Zill" und die steinerne Treppenterrasse neben der Blau.

Das Rauschen unter den Bäumen heißt Blau

Über die Iller erhält die Stadt Holz, über die Donau verschiedene Waren, vor allem Eisen, stromabwärts, und auf demselben Weg lässt sie den anderen Völkern ihre eigenen Waren zukommen. Die Blau aber führt auf Schiffen nichts herbei und nichts hinweg, sondern verschafft der Stadt durch sich selbst den größten Nutzen. Deshalb fließt sie nicht einfach von außen durch die Stadt, sondern rennt gegen sie an, betritt sie wie ein mächtiger Bürger, der hier zu Hause ist, bespült die Stadt, trägt den Schmutz davon, mahlt das Mehl, versorgt alle Straßen mit ihrem Wasser, unterbricht nie für einen Moment ihre Dienste und wird keinen anderen Weg oder Flusslauf nehmen können als mitten durch die Stadt.

(Felix Fabri, Traktat über die Stadt Ulm, 1488/89)

Hände, wie Gebete („Tanivera", Fischerviertel)

Plastik, wie Blumen
(„Billbar",
Kunsthalle Weishaupt)

Impressionen

Rouge et Noir,
wie Leidenschaft
("L'Osteria", Judenhof)

Alle reden von Lebensqualität, Ulm hat sie.
("ROOM", Olgastraße)

Wasserrad der Lochmühle

Obwohl man sein Auto mitten im Fischerviertel parken darf, kann dieser romantische Stadtteil nur mit dem Herzen erreicht werden. Hier schon mal ein Blick von der lauten und verkehrsreichen Neuen Straße hinunter ins Fischer-und Gerberviertel und die Blau, rechts das Wasserrad der Lochmühle.

Lochmühle

*erstmals
beurkundet 1358
„die mühl in dem loche"
Fachwerkbau 1600
restauriert 1977*

(Hausinschrift)

Wasser auf die Mühle der Nostalgie

Es erinnern sich noch wenige daran, dass Müller ein angesehener, einträglicher Handwerksberuf war: *„Er mahlet das Korn zu dem täglichen Brot und haben wir dieses, so hat's keine Not..."* erzählt ein altes Volkslied und rückt in unser Bewusstsein, dass sich diese jahrtausendealte Tradition in unserem Jahrhundert überlebt hat.

Einst lagen im Fischerviertel sieben Mühlen an den beiden Blauarmen, die nördlichste von ihnen, die Lochmühle, wurde 1977 renoviert.

Im Fischerviertel

Umfassende Restaurierungen verwandelten den alten grauen Genius loci des einst so geruchintensiven Viertels, in welchem Müller mahlten, Fischer ihre Netze flickten, Färber ihre Tücher kochten und Gerber ihre Ziegenhäute wuschen, in eine gepflegte, idyllische Wohngegend.

Der Wilde Mann bewacht hünenhaft Kneipenecke und Fischerstraße

Der historische Saumarkt,
der bis ins 20. Jh. als Marktplatz für Schweinehandel diente; Figurengruppe von Wolfgang und Christoph Oester.

Dr Metzgr ond dr Baur beim Handl om diu Sau.

(Text unter der Figurengruppe)

„Es grünt so grün..." im Fischerviertel

Topfblumen kann man nicht so recht glauben, meinte der Schmetterling, sie kommen zu viel mit Menschen zusammen.

(Hans Christian Andersen, 1805 – 1875)

Die Blauinsel – ein Hauch von Venedig

Schon einmal, als junger Mensch, hatte ich diese außergewöhnlich schöne und originelle Stadt mir angesehen, und vieles wieder vergessen. Nicht vergessen hatte ich die Stadtmauer und den Metzgerturm, auch nicht den Münsterchor und das Rathaus, all diese Bilder stießen in mir auf ihre Erinnerungsbilder und wichen wenig von ihnen ab; dafür waren ungezählte neue Bilder da, die ich sah, als sei es das erstemal, uralte schief eingesunkene Fischerhäuser im dunklen Wasser stehen, kleine Zwergenhäuser auf dem Stadtwall, stolze Bürgerhäuser in den Gassen, hier ein origineller Giebel, da ein edles Portal.

(Hermann Hesse, „Erinnerungen an Ulm")

Blick von der Häuslebrücke auf beide Blau-Arme, welche hier, nachdem sie die kleine schmale Insel umarmten, zusammenfließen und Richtung Donau laufen.

Setra-Museum, Kässbohrer-Haus
Der Spross der alten Ulmer Fischer- und Schifferdynastie Kässbohrer ist durch die Fahrzeugwerke eng verknüpft mit Omnibus-Geschichte.

Nichts Schöneres als dieser Augenblick: Angebissen!

Von Kaiser Rotbarts Zeiten erzählt diese Ulmer Sage:

Bis zu Kaiser Rotbarts Zeiten ward in Ulm noch kein Hering gesehen. Niemand kannte ihn bis dahin. Da begab es sich, dass ein Kaufmann nach Ulm kam und unter seiner Ware auch Heringe waren, die er sehr lobte. Sie wären eine herrliche Fastenspeise, die man gar leicht und ohne Unkosten zubereiten könne, denn wenn ein Hering nur schon Feuer in seiner Nähe gesehen hätte, wäre er bereits gekocht. Darüber waren die Ulmer hoch erfreut, sie ließen die Heringstonnen auf das Feld führen und machten ein großes Feuer. Dann stand der weise Bürgermeister von Ulm auf, nahm einen Hering heraus und hielt ihn gegen die Flammen. Da der Fisch schlüpfrig war, entwischte er ihm aus der Hand. Rasch griff der Bürgermeister ins Gras und glaubte, den Ausreißer, der laut quakte, erwischt zu haben. „Quak hin, quak her", sagte der Bürgermeister, „du hast das Feuer gesehen!" Und schon führte er ihn zum Munde. Doch war er arg verdutzt, da er statt des Herings einen Frosch zum Mahle erkoren hatte.

Ulmer Spatz – inoffizielles Wappentier der Stadt

Der schwäbische Volkswitz nennt die Bewohner von Ulm häufig die „Ulmer Spatzen". Das soll, so berichtet die Sage, in folgender Begebenheit seinen Grund haben:

Vor langer Zeit hatten die Ulmer einmal draußen vor dem Stadttor einen gewaltigen Baum zu einem Balken behauen, der in der Stadt zu irgendeinem Bauwerk verwendet werden sollte. Die Männer luden ihn aber nicht der Länge nach, sondern quer auf ihren Karren. Als sie zum Stadttor kamen, sahen sie zu ihrem Schrecken, dass dessen Öffnung nicht breit genug war, um sie auf diese Weise hindurchzulassen. Da war guter Rat teuer, und sie zerbrachen sich lange den Kopf, wie sie es anstellen sollten, um durch das Tor zu kommen – sollten sie ein Stück von dem Balken absägen oder gar die Toröffnung verbreitern, damit man mit dem Balken hindurch könnte?
Da sahen sie einen Spatz durch das Tor dahergeflogen kommen, der einen Strohhalm in seinem Schnabel trug, den er zu seinem Nestbau verwenden wollte.

Und siehe, der Spatz trug den Strohhalm nicht der Quere nach, sondern der Länge nach durch das Tor.
„Halt!", rief da ein ebenso aufmerksamer wie kluger Beobachter, „mir geht ein Licht auf", und er machte den Vorschlag, dem Beispiel des Spatzen zu folgen und den Balken der Länge nach auf den Karren zu legen und nicht quer, wie bisher. Und siehe da: Nun ging die Sache glatt, der Balken kam glücklich durch das enge Tor und an seinen Bestimmungsort.

Vom Spatz lernen

Seitdem haftet an dem Bürger der Stadt der Neckname „Spatz", den der Ulmer gerne als Zeichen seiner Schlauheit verstanden haben will. Zwei Zeilen des Ulmer Liedes „Spargala, Wargala" lauten:

    ...ond gäht des net da grada Weag,
    nä dreah mr's Hälmle rom.

Soll heißen: ...und geht es nicht den geraden Weg,
    dann drehen wir das Hälmchen um.

Die Häuslebrück, welche seit jeher – sie war Teil der mittelalterlichen Befestigung des 14. Jahrhunderts – die beiden Arme der Blau überspannt. Eine alte Weide neigt ihre Zweige tief über die Blau, während das mit wildem Wein umrankte „Kunsthaus Frey" seine Füße im Wasser kühlt.

Zur Forelle

Sie ist aus der Wirtsgeschichte Ulms nicht wegzudenken – die Gaststätte "Zur Forelle", auch „Häusle" genannt, nahe dem *Saumarkt*. Nach ihr nennen die Ulmer auch die anschließende Brücke *Häuslebrück*.

Nicht mehr so ganz zappelfrisch, diese beiden Forellen…

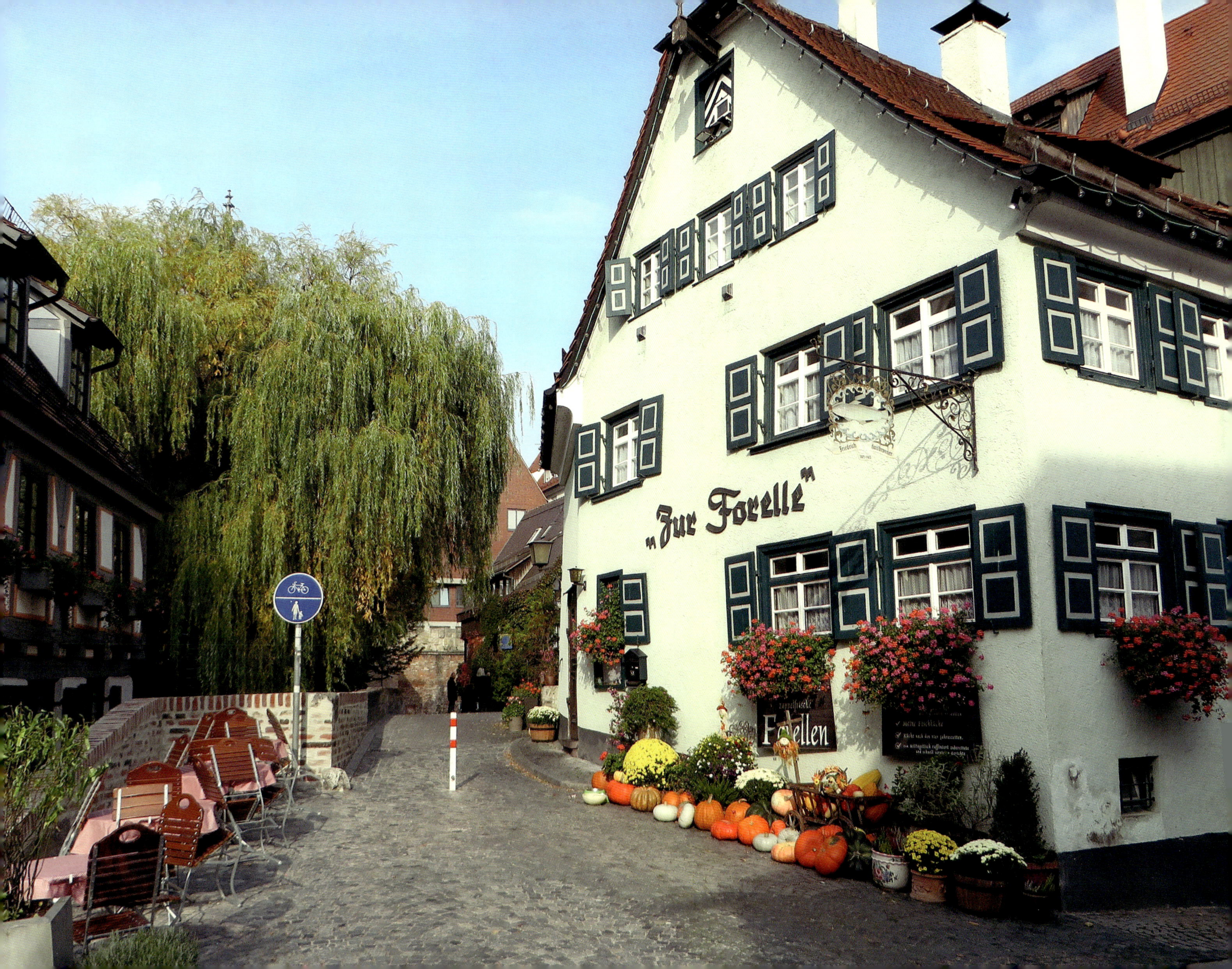
„Zur Forelle"
Forellen

**Hotel Schiefes Haus,
an Romantik kaum zu überbieten**

Fachwerk-Laube über der Blau, einst Zillengarage unter dem Schiefen Haus, welche nachts die kleinen Fischerboote aufnahm.

Das Schiefe Haus
an der Kleinen Blau

Einst auf sackendem Fundament, steht es heute auf festen Füßen im Guinness-Buch der Rekorde. 1994 kaufte der Münsteraner Architekt Günter Altstetter das 1444 erbaute alemannische Fachwerkhaus und baute das denkmalgeschützte Gebäude zu einem kleinen, stilvollen Hotel um, welches laut Guinness-Buch der Rekorde das schiefste Hotel der Welt ist, seine Neigung beträgt über 2 Meter.

Wirklich schräg, nicht wahr?

Haus im Geranien-Schlaf

Ja, so geht es, wenn… raunt diese Ulmer Sage:

Wenn in Ulm ein Kind spät abends noch auf der Gasse ist, sagen ihm die alten Leute: Geh heim, sonst kommt der Bettschauer!

Das ist ein Ulmer Geist, ein ganz sonderbarer Kauz. In später Dämmerstunde steht er als große, schwarze Gestalt unheimlich schweigend neben dem Bett des unfolgsamen Kindes und droht ihm mit dem Finger, sodass sich dieses erschrocken unter der Decke verkriecht. Ja, so geht es, wenn man nicht folgt.

Das Schiefe Haus (rechts), die Münz (links)

Blick von der Häuslebrück auf die Blau

Der deutsch-österreichische Dichter, Geschichtsschreiber und Geistliche Eduard Duller erinnert sich in seinem Buch „ Das malerische und romantische Deutschland" (1840) an die heimlich die Stadt Ulm durchschleichenden Kanäle und Flussärmchen seiner Zeit,

da jedes Haus des Bürgers eine kleine Burg, der Wassergraben und die Brücke oder der Steg seine natürliche Verteidigung war und jedes Pförtchen in einer langen grauen Wand ein Hinterhalt, gerade groß genug, um zu heimlicher Lust oder Rache daraus hervorzuschlüpfen.

In guter Nachbarschaft zum Schiefen Haus befindet sich **die Münz**, ein breitgelagertes Traufhaus zwischen den beiden Blauarmen, in welchem während des Dreißigjährigen Krieges Münzen geprägt wurden. (Schwörhausgasse)

In diesem mittelalterlichen Fachwerkhaus ließ die Stadt während des Dreißigjährigen Krieges für vier Jahre bis 1624 Stadtmünzen prägen. Die massenhafte Geldproduktion jener Zeit hatte diese zusätzliche Prägestätte im Haus eines Färbers notwendig werden lassen.

(Infotafel / Stadt Ulm)

Gespenster in der Münz, die ab 1624 bis etwa 1900 als Schleif-, Tabak- und Ölmühle diente

Eine Legende berichtet von einem Gespenst, welches in dem Gebäude umgegangen sei, dabei wären dem Schleifmüller, der hier seine Werkstatt hatte, mehrere Schleifsteine zersprungen. Der Rat habe dann nachgraben lassen, und tatsächlich wurde am 15. Mai 1695 in der Münz ein Silberschatz geborgen. Die Bürger der Stadt mutmaßten, dass das erlöste Gespenst zu Lebzeit ein ungetreuer Münzmeister gewesen war, der dort unterschlagenes Silber versteckt hatte. Damit hatte der Spuk ein Ende.

Ein Spruch unterstrich die Bedeutung Ulms in jener Zeit:

*Venediger Macht,
Augsburger Pracht,
Nürnberger Witz,
Straßburger Geschütz,
und Ulmer Geld
regiert die Welt.*

Überreste der Staufischen Mauer

aus der Zeit um 1220, welche den Pfalzbereich und zumindest stellenweise die damalige Stadt schützte

Die markanten Buckelquader sind typisch für die Bauweise der Staufer, die Ulm im 11. und 12. Jahrhundert zu ihrem Hauptstützpunkt in Schwaben ausbauten.

Barbarossa hält Hof in Ulm

Der Stauferherrscher Friedrich I., den die Italiener Barbarossa (Rotbart) nannten (um 1122 – 1190), hielt sich nachweislich 13mal in Ulm auf. Mit dieser Urkunde*, ausgestellt am 12. Mai 1181 während eines mehrtägigen Hoftags in der königlichen Pfalz, verfügte er die Umwandlung der Pfarrkirche zu Waldsee in ein Augustinerchorherrenstift.

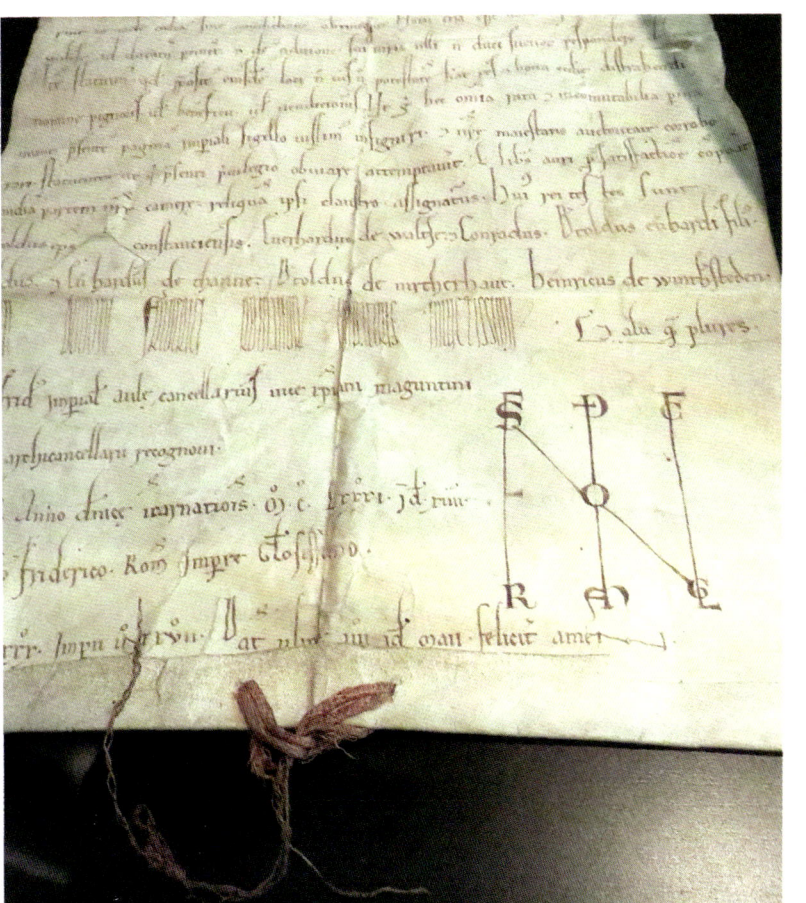

Alle Urkunden Barbarossas tragen „das Zeichen des Herrn Friedrich", eine monogrammatische Unterschrift. Die Kanzleien fertigten die Monogramme an, der Herrscher fügte nur einen Schrägstrich hinzu, den sogenannten Vollziehungsstrich, und gab damit der Urkunde ihre Gültigkeit.

(*Aus der Ausstellung „Schätze der Stadtgeschichte – 500 Jahre Archiv der Stadt Ulm", 2015)

◀ **Kuss-Gässle**

wird es im Volksmund genannt, da sich die beiden Häuser in luftiger Höhe zu küssen scheinen; rechts das Kässbohrerhaus an der Blau.

Zwei bärtige Flussgötter

über dem Türstock des Kässbohrerhauses halten schützend ihre Hände über das Ulmer Stadtwappen. Zusätzlich schmückt ein steinernes Zunftpokal-Relief der Schiffleute den Türstock. (Schwörhausgasse)

Spiegelungen; Häuslebrück ▶

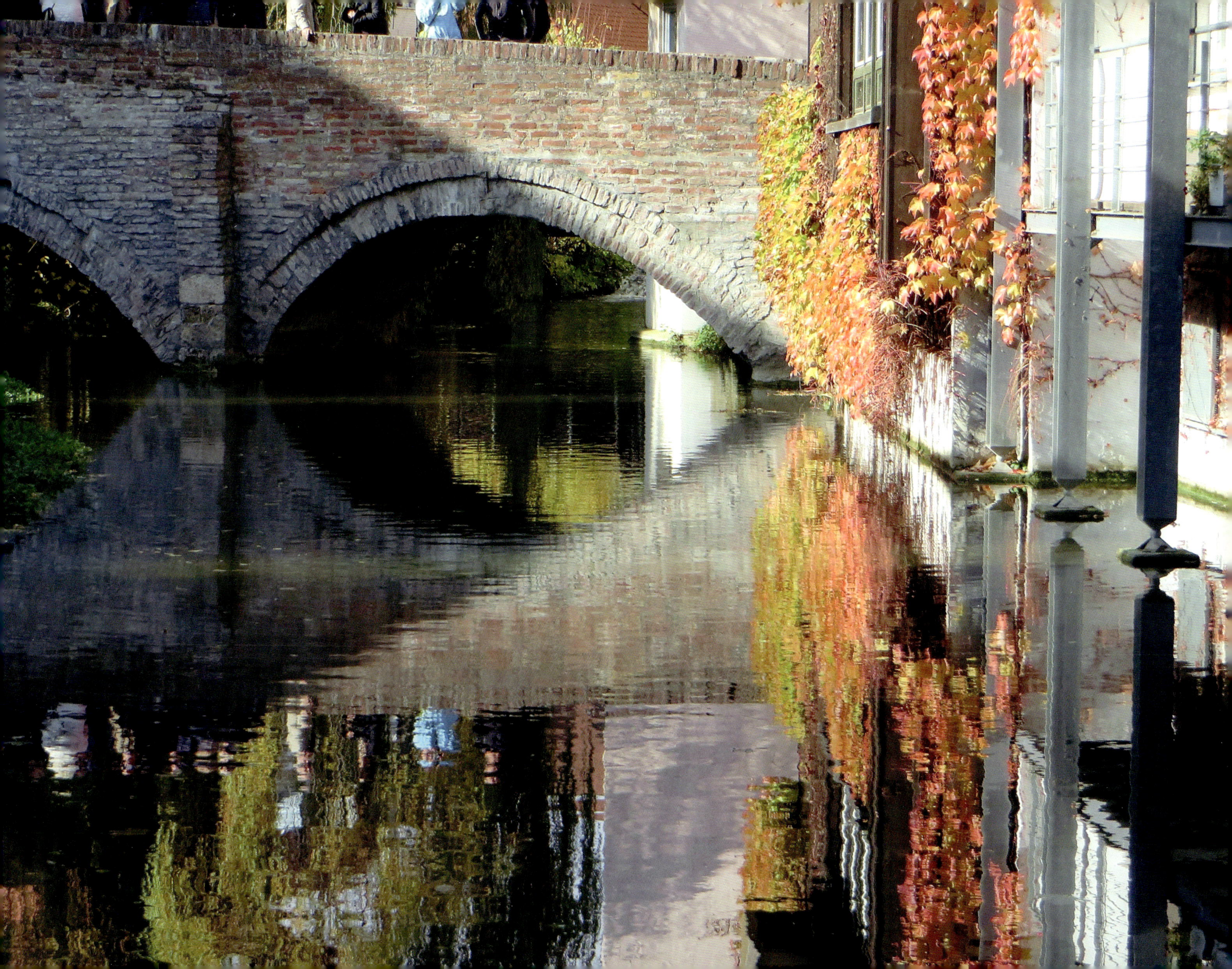

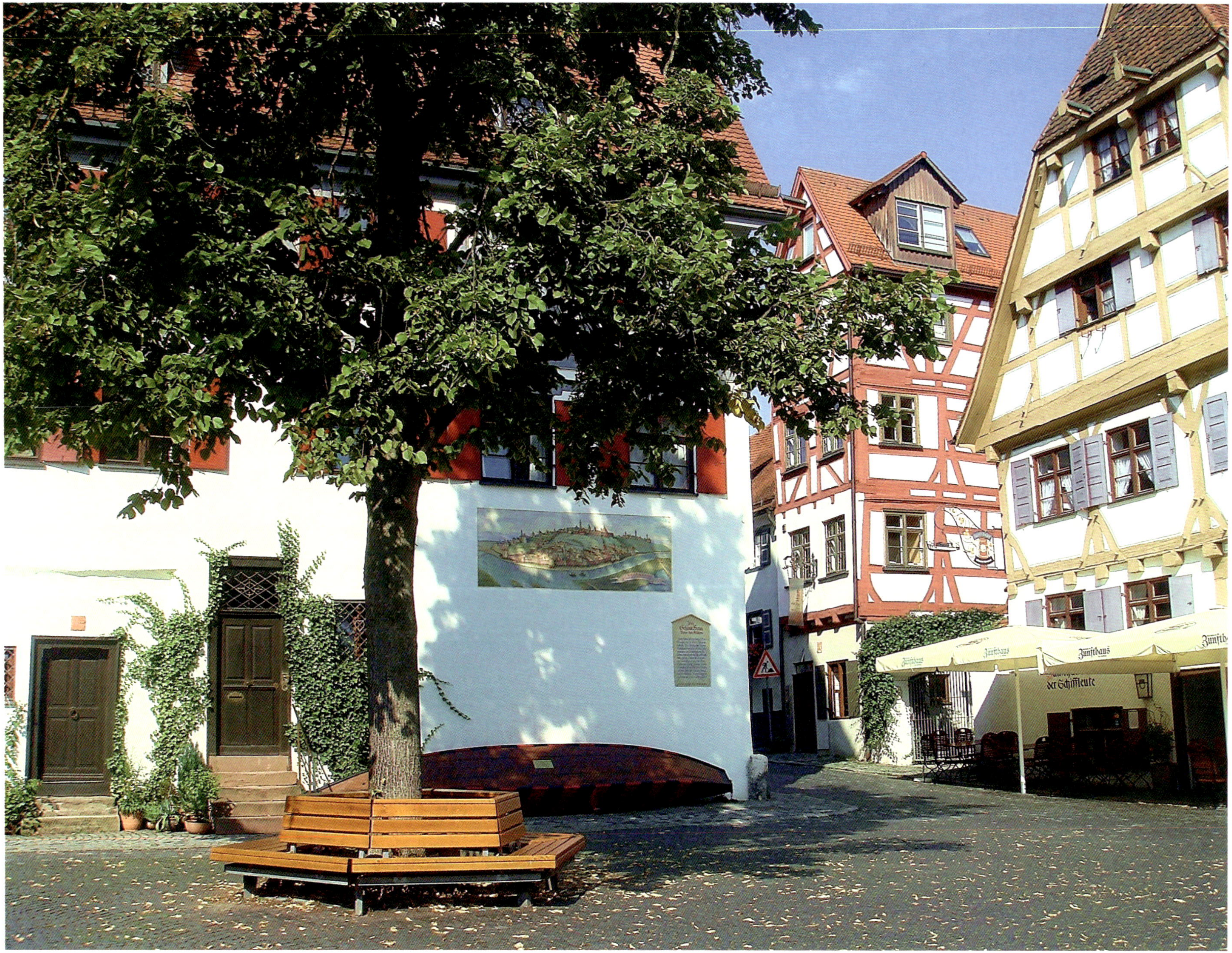

Zunfthaus
Zunfthaus
Zunfthaus
der Schiffleute

Das Fischerplätzle

hinter der Linde das Schöne Haus (1616)
rechts das Zunfthaus der Schiffleute (1490)

Die Zünfte sind alle nach geschriebenen Gesetzen geordnet, und eine jede von ihnen hat einen Meister, der im Rat sitzt, und die größeren Zünfte sind in Gesellschaften unterteilt, die ebenfalls ihre Vorsteher haben.
(...) Ich könnte noch vieles Bemerkenswerte erzählen. Denn mit so viel Eifer und Sorgfalt wurde in Ulm die städtische Ordnung geschaffen, dass man, wenn einer das alles aufschreiben wollte, ein dickes Buch dafür bräuchte.

(Felix Fabri, Traktat über die Stadt Ulm, 1488/89)

Dennoch unterließ der Ulmer Chronist es nicht, ausführlicher über das städtische Handwerk zu berichten, welches strenge Zunftvorschriften kannte. So wurden zum Beispiel nur ehelich geborene Bürgersöhne zur Meisterschaft zugelassen, deren Ausbildungsordnung ebenso genau festgelegt war wie die Lehr- und Gesellenjahre, Wanderschaft und Meisterstück. Und nur wer „eigenen Rauch" hatte, das heißt ein eigenes Haus besaß und verheiratet war, konnte in der Stadt als Meister eine eigene Werkstatt betreiben, denn die Gesellen und Lehrlinge arbeiteten nicht nur bei ihm, sondern sie wohnten auch in seinem Haus und mussten dort verpflegt werden. Auch hatten die Zünfte eigene Zunfthäuser und Zunftstuben, in denen die jeweiligen Mitglieder zu Beratungen zusammenkamen.

Das Schöne Haus, erbaut 1616, davor eine Zille. Den Beinamen „schön" erhielt das dreigeschossige Fachwerkhaus aufgrund der fehlenden rechten Winkel im Innern des Hauses.

Die Ulmer Zille – sie gehört neben dem Münster und dem Ulmer Spatz zu den Markenzeichen der Stadt – ist ein Einweg-Bootstyp, der seit dem Mittelalter auf der Donau flussabwärts der Passagier-, Waren- und Truppenbeförderung diente. Am Zielort wurden die Boote an Holzhändler verkauft.

Die Malerei an der Hauswand des Schönen Hauses am Fischerplätzle zeigt die **Stadt Belgrad** und bezieht sich auf die Türkenkriege von 1664-1718 und die Truppentransporte der Ulmer Schiffleute in diese Stadt, die laut Chronik auch von schwäbischen Rekruten gegen das Türkenheer verteidigt wurde. Die Tafel unter dem Bild erwähnt die Anwesenheit der Kaiserin Maria Theresia in Ulm, die samt ihrem in Frankfurt gekrönten Gemahl Franz I. per Schiff von Ulm aus donauabwärts nach Wien fuhr.

Das Schöne Haus Unter den Fischern zierte schon seit dem Jahre 1717 ein Gemälde, das die Stadt Belgrad darstellte. Der Zunftmeister Johann Matthäus Scheiffele ließ das Bild anbringen zur Erinnerung an die Truppentransporte der Ulmer Schiffleute auf der Donau im Zeitalter der Türkenkriege (1664 – 1718). Sein Sohn und Nachfolger Johann Jakob Scheiffele ist im Okt. 1745 Meister auf dem Leibschiff d. Kaisers Franz I. und der Kaiserin Maria Theresia während der Reise v. Ulm n. Wien.

(Tafelinschrift)

Wirtsschild des Zunfthauses

Das Zunfthaus der Schiffleute

1490 an der tiefsten Stelle des Stadtviertels „Unter den Fischern" erbaut, lag es einst direkt am sogenannten *„Gumpen"*, einem kleinen Hafen innerhalb der Stadtmauer.

Im Inneren des Hauses befindet sich ein 5 Meter hoher Hallenraum, in welchen die Schiffleute während der Wintermonate ihre Zillen einlagerten.

Wir Schiffersleut sind wohlbestellt,
wir fahren in die weite Welt.
Leb wohl, du liebe Ulmer Brücken,
die Donau trägt uns auf dem Rücken
und zeigt uns vieler Länder Pracht,
wo man die Ulmer kennt und acht.
Gar manches Wappenschild verkündt,
wo Ulmer Schiff und Waar man findt.

(Inschrift an der Südseite des Rathauses)

Der Pesttod fuhr einst auch durch diese enge, kurze Gasse, welche direkt zur Donau führt

Gleich hinter dem Schönen Haus befindet sich die **Vaterunsergasse.** Sie ist ziemlich kurz, d.h. sie ist so lang, dass man bei ihrem Durchschreiten ein Vaterunser beten kann.

Eine Sage erzählt, *man hätte in Pestzeiten nachts die Toten der Seuchenopfer durch diese enge Gasse geschleppt, um sie durch ein Loch an der Stadtmauer in die Donau zu werfen. Ein letztes Vaterunser begleitete sie.*

Als zur Zeit Kaiser Karl V. spanisches Kriegsvolk zu Ulm in Besatzung lag, brach die Pest aus, berichtet eine Sage. *Viele Menschen wurden von ihr dahingerafft. Mit besonderen Karren, deren Räder mit Filz beschlagen waren, wurden sie nachts durch die Gassen gefahren. Wen man in den Gassen oder in den Häusern tot antraf, der wurde aufgeladen und zum Kirchhof geführt. So wurde einst auch ein Geiger auf der Gasse gefunden, für tot befunden, auf den Totenkarren gelegt und fortgeführt. Kaum aber waren die Leichenbesorger einige Gassen gefahren, da reckte sich unter den Toten einer in die Höhe und fragte laut: "Wo ist meine Geige?" Es war der für tot gehaltene Geiger, der durch das Rasseln und Schütteln des Totenkarrens wieder zu sich selbst gekommen war.*

Die Stadtmauer

Bollwerk gegen feindliche Armeen, 1480 „im reißenden Wasser der Donau" errichtet; im Bild der Durchgang vom Donauufer zum Fischerplätzle

Ein „Schlupf" für alle Fälle

Gleich neben dem „*Gumpen*", dem kleinen Hafen innerhalb der Stadtmauer, stand ein Einlassturm (1843 wurde er abgebrochen). In diesem Turm befand sich bis zum Beginn des 19. Jahrhunderts der einzige wohlbewachte Zugang zur Stadt nach abendlicher Schließung der Tore. Doch an der Basis des Turmes war auch ein zusätzlicher Einlass, der „*Schlupf*" genannt wurde, welcher noch heute vermauert erkennbar ist. Durch ihn konnte man nachts oder in Kriegszeiten heimlich von der Donau in die Stadt gelangen, gewiss mit einem hübschen Trinkgeld für den Schiffsmann, der den Turm bewohnte und den Schlupf auf- und zuschließen konnte. Wohl nach dem Spruch jener Zeit *„Ulmer Geld regiert die Welt"*...

Von Ulm aus zogen deutsche Siedler im 18. Jahrhundert auf der Donau nach dem Südosten Europas. Ihre Nachfahren kehrten, vom Schicksal nach dem Zweiten Weltkrieg aus ihrer Heimat vertrieben, in das Land ihrer Väter zurück.

(Inschrift der Stele)

Donauschwabendenkmal am Donauufer/Wilhelmshöhe – ein zentraler Erinnerungsort der Donauschwaben

Zwischen dem späten 17. und Ende des 18. Jahrhunderts zogen tausende Auswanderer aus Schwaben, der Pfalz, Luxemburg, Elsass und Lothringen auf der Ulmer Schachtel in die von den Habsburgern neueroberten Länder des südöstlichen Europas, um eine neue Heimat zu finden. In ihren Siedlungsgebieten im heutigen Rumänien, Ungarn und Serbien entstanden die Volksgruppen der Ungarndeutschen und Donauschwaben. Auch zwischen 1804 und 1818 zogen Auswanderer, die sich in Ulm auf Flößen oder der Ulmer Schachtel einschifften, die Donau abwärts bis ins Mündungsgebiet am Schwarzen Meer und bildeten die Volksgruppe der Bessarabien-, Dobrudscha- und Schwarzmeerdeutschen.

Gedenktafeln

an der alten Ulmer Stadtmauer beim Donauschwabenufer zeugen von dem Schicksal der Auswanderer vor 300 Jahren.

Kunst trifft Mauer – „Ulmer Stadtindianer" von Christoph Freimann

Promenadeweg
auf der Stadtmauer;
Blick Richtung
Wilhelmshöhe

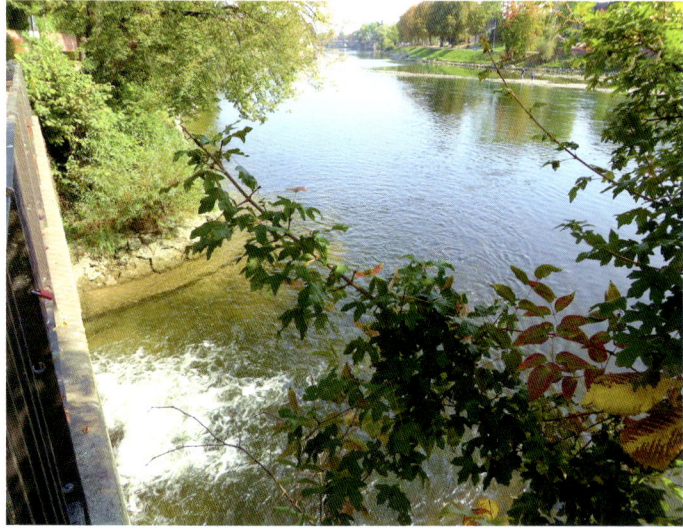

Sie läuft sich nicht müde:
Nach nur 22 Kilometern mündet die
Blau, die im Blautopf entspringt, am
Ulmer Kobelgraben in die Donau.

Die Adenauerbrücke
verbindet nicht nur zwei
Städte sondern auch zwei
Länder: Ulm mit Neu-Ulm
und Schwaben mit Bayern

Duft- und Tastgarten

am Kobelgraben – nicht nur für blinde und sehbehinderte Menschen eine Oase

Der Schalenbrunnen von Herbert Dreiseitel bietet einen Ruhepol im Duft- und Tastgarten.

Auf leisen Sohlen – Was sich bald in einen mächtigen Strom verwandeln wird, kommt hier noch auf leisen Sohlen daher…

Die Stadtmauer wird als beliebter Promenadenweg genutzt, welcher entlang der Donau von der Bastion Lauseck am Fischerviertel, vorbei am Metzgerturm bis zur Friedrichsau führt.

Im Bild der fünfeckige Stumpf des aus dem 15. Jh. stammenden *Dicken Turms*, der im Zuge der Napoleonischen Kriege auf Befehl der Franzosen 1801 abgerissen wurde. Gleichzeitig demolierte man auch den oberen Wehrgang und die Bastion Lauseck.

Blick von der Stadtmauer auf die Metzig

Die Metzig nannte man einst das vor dem Metzgerturm gelegene Schlachthaus, das bis Ende des 19. Jahrhunderts in Betrieb war und diesem Altstadtviertel seinen Namen gab.

Symbiose

Ist es nicht gerade
dieser Gegensatz,
der eine ästhetische
Symbiose schafft?

Der Metzgerturm

(1349)

Die Schräge des Turms von 2,05 m (was einer Neigung von 3,3° entspricht; der Schiefe Turm von Pisa schafft es bis zu 3,9°!) ist auf den Schwemmlanduntergrund zurückzuführen.

Eine Sage will wissen, woher der Turm seinen Namen hat:

Über Metzger und Bäcker wurde in Ulm in alten Tagen strenge Aufsicht geführt, damit die Kunden ihre Ware gut und billig und im rechten Gewicht erhielten. Und bei wem es nicht stimmte, der wurde unweigerlich in den Turm gesperrt. So kam es, dass der Turm zumeist von den Metzgern besetzt war. Davon erhielt er den Namen Metzgerturm. Darüber oft von den anderen Reichsstädten verspottet, wurde es dem Rat der Stadt schließlich zu bunt, sodass er allen Metzgern der Stadt befahl, an einem ganz bestimmten Tag auf dem Turm zu erscheinen. Hier wurde ihnen gedroht, dass sie von da oben in die Tiefe gestürzt würden, wenn ihre Betrügerei nicht aufhören sollte. Erschrocken wichen alle zurück und der Turm neigte sich nach der Seite, auf der die Metzger, die alle sehr wohlgenährt waren, beieinanderstanden. Seither steht der Turm schief.

Der Metzgerturm

Vor ihm, also vor der Stadtmauer an der Donau, lag einst das Schlachthaus (die Metzig), das nur durch dieses Tor erreichbar war. 1883 wurde die Metzig aufgegeben.

Das Metzgertor war nie ein Stadttor, da es, als 1480 vor die staufische Befestigung des 13. Jahrhunderts eine neue Stadtmauer in die Donau gesetzt wurde, hinter diese Befestigung rückte.

Im Altstadtviertel „Unter der Metzig"

Behäbig schaut das mittelalterliche Handwerkerhaus mit steinernem Untergeschoss und weit herausragenden Kragsteinen für den darüber befindlichen Fachwerkbau in die Straße.

Schwaben hat jenseits der Donau viele Städte, aber die Königin von allen ist Ulm, eine mächtige, saubere Stadt...

(Aeneas Sylvius, nachmaliger Papst Pius II., um 1450)

Mit Vogel im Bad
An die Außenwand des Ulmer Stadtbades, während des Ersten Weltkriegs zwischen Rathaus und Metzgerturm erbaut (heute Musikschule), malte die Ulmer Künstlerin Lis Schmitt-Bundschuh diese heitere Szene, zur Erinnerung an Zeiten, in denen man zum Bade noch in den Bottich stieg. Mit oder ohne Vogel.

Historisches Fachwerkhaus, 15./16. Jh., Unter der Metzig

Blick vom Rathausplatz auf den Metzgerturm, links das einstige Ulmer Stadtbad, heute Musikschule der Stadt, rechts das Ehinger-Schwarz-Haus; Unter der Metzig

Die Globale Lichtuhr (eine Idee von Wolf-Peter Schwarz) an der Südseite des Hauses zeigt, wo es auf unserem Erdball gerade hell (z.B. Mittag) oder dunkel (z.B. Mitternacht) ist.

Ehinger-Schwarz-Haus (im Hintergrund das Rathaus), 1450 als Handwerkerhaus erbaut, 1995 von der Schmuckfirma Ehinger-Schwarz restauriert, wobei die Relikte spätmittelalterlichen Wohnkomforts originalgetreu wieder hergestellt wurden. (Unter der Metzig)

„Die Blaw aber..."

So ligt auch Ulm deßwegen sehr bequem / weiln da 3 Wasser zusammen kommen / nämlich die Thonaw / Iler / und Blaw. Und laufft die Thonaw (darein sich oberhalb der Statt / nahend dem Hochgericht / die auß dem Algöw kommende Iler / ergiesset) an der Stattmawer / gegen Mittag / her: Die Blaw aber / so von Blawbeuren herunter fliesset, rinnet durch die Statt / und kompt / nach dem sie allerhand Mühlwerck versehen / und auch sonst viel Nutzens in der Statt geschafft / an der Stattmawer auch in die Thonaw.

(Martin Zeiller (1589–1661), „Topographia Sueviae", Frankfurt am Main 1643)

Ulms Stadtmauer, um 1480 errichtet, später nach Albrecht Dürers Vorstellungen von Festungsbau durch den Nürnberger Baumeister Hans Beham d. Ä. umgebaut, ist heute ein 600 Meter langer Spazierweg.

In einer Zeit, in der man keine Zeit mehr hat, und während um dich herum unfassbar wichtige Nachrichten per Mail, Threema, WhatsApp, Twitter und Facebook hektisch beantwortet werden, einfach dasitzen, auf den Fluss schauen, eigenen Gedanken nachhängen, warten auf das phantastische Gefühl der Entschleunigung...

Auf dem Schwal

Die kleine Donauinsel, ehemaliger befestigter Brückenkopf der Reichsstadt, bot einst mit ihrem niedrigen Ortsteil, dem Schwal, den Ulmer Zillen einen günstigen Landeplatz und war für lange Zeit zentraler Aufbruchsort für viele Auswanderer. 1932 errichtete hier die Stadt ein Kriegerehrendenkmal, dessen Schöpfer der Neu-Ulmer Bildhauer Edwin Scharff ist.

Seitensprung ▶

Weil der Herbst auf der Donauinsel besonders farbenprächtig ist, machen wir einen kleinen Seitensprung nach Neu-Ulm auf den Schwal.

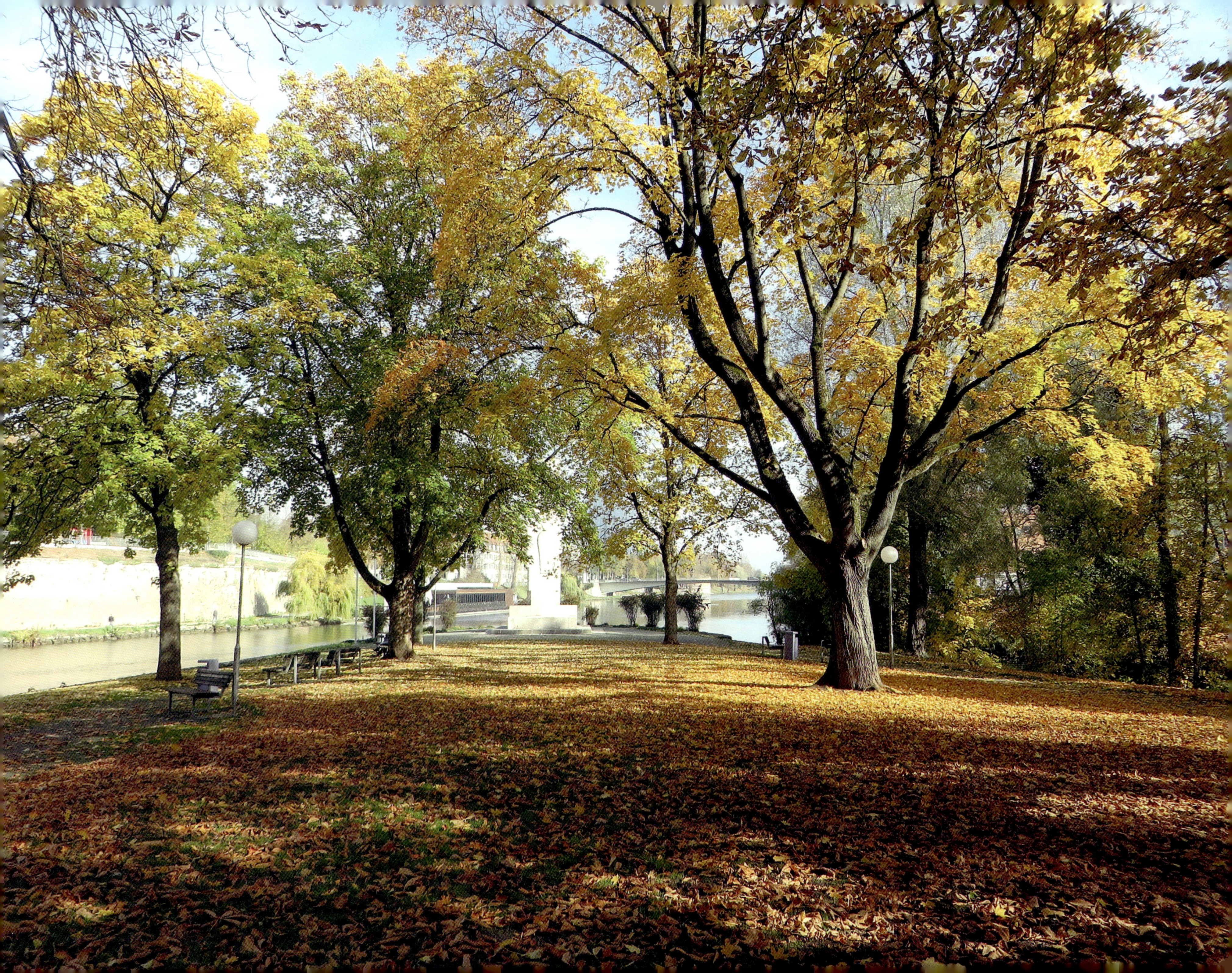

Kleiner Seitenarm der Donau; Neu-Ulm
Träumt hier die Donau von Deltaweiten, von ihrer Vermählung mit dem Meer – kein Flussbett mehr, nur blaue Unendlichkeit, Wasser in Wasser?
Oder fühlt sie sich wohl in diesem Versteck voll buntem Zauber, weit, so scheint's, hinter der Welt?

Max Eyth

Ingenieur und Dichter,
Rechner und Träumer,
Geschäftsmann und Künstler
– die Stadt würdigt ihn
mit einem Denkmal
hoch über der Donau
an der Adlerbastei.

Geboren 1836 in Kirchheim/Teck, gestorben 1906 in Ulm, von Beruf Maschinenbauingenieur, hat sich Max Eyth zunächst als Erfinder (mit Neuerungen in der Dampfpflug-Technik) und – wie man heute sagen würde – „Entwicklungshelfer" in vielen Ländern einen Namen gemacht, später besonders als Schriftsteller mit autobiographischen Berichten und Romanen. Außer seinem literarischen Werk hinterließ Eyth auch ein umfangreiches zeichnerisches Werk.

Kirchheim unter Teck, Kloster Schönthal an der Jagst, Stuttgart, London und das nordenglische Leeds, Schubra bei Kairo, Buffalo und New Orleans, Bonn, Berlin und endlich Ulm und Neu-Ulm – Stationen eines bewegten, beinahe rastlosen Lebens, wo Max Eyth wenigstens für ein paar Monate, oft aber auch für Jahre ein Heim fand. Eyth war eines der letzten Multitalente der Geschichte. Ein Vergleich mit Leonardo da Vinci wäre wohl zu hoch gegriffen – aber die Mischung aus herausragender Ingenieurkunst, fesselnder Literatur sowie Mal- und Zeichenkunst war und ist außergewöhnlich.

(Stadt Ulm online, Stadtgeschichte/n)

Er war nicht verwegen,
er war nicht verrückt
– er glaubte an sich selbst:

Albrecht Ludwig Berblinger

einst Spottfigur, heute bewundernswerter Pionier. Eine Gedenktafel an der Adlerbastei erinnert an die Flugversuche, die er hier 1811 unternahm.

**ALBRECHT LUDWIG
BERBLINGER**
1770 - 1829
VERSUCHTE HIER IM
JAHR 1811 DEN ERSTEN
SEGELFLUG MIT SELBST-
GEFERTIGTEN FLÜGELN
Max Eyth verewigte
ihn in seinem Buch
„Der Schneider von
Ulm"

(Inschrift der Gedenktafel)

Wenn Himmel und Wasser aneinandergeraten

Die Adlerbastei (1605/1611), die 13 Meter fast senkrecht zur Donau abfällt, war am 31. Mai 1811 Absprungstelle für Berblingers Gleitflugversuch, bei welchem er aufgrund ungünstiger Thermik unsanft im Wasser landete.

Nach einer unsäglichen Mühe in der Zeit mehrerer Monate mit Aufopferung einer sehr beträchtlichen Geldsumme und mit Anwendung eines rastlosen Studiums der Mechanik hat der Unterzeichnete es dahin gebracht, eine Flugmaschine zu erfinden, mit der er in einigen Tagen hier in Ulm seinen ersten Versuch machen wird, an dessen Gelingen er, bestärkt durch die Stimme mehrerer Kunstverständiger, nicht im Geringsten zweifeln zu dürfen glaubt. Von heute an ist die Maschine bis an den Tag des Versuchs, der nebst der Stunde in diesen Blättern vorher genau angezeigt werden wird, hier im Saale des Gasthofes zum goldenen Kreuz jedem zur Ansicht und zur Prüfung ausgestellt.

(A. L. Berblinger, „Schwäbischer Merkur", Ulm, den 24. April)

Poesie am Wegesrand

Manchmal haben wir für das Eigentliche keine Worte. Blühende Pflanze, Blume, Gras? Verleugnen doch diese lapidaren Benennungen ihre wunderbare Aura.

Wir sollten sie erspüren, wenn auch nur im Vorübergehen.

Der Schneider von Ulm ▶
Arbeit von Johannes Pfeiffer, 2012;
Donauufer

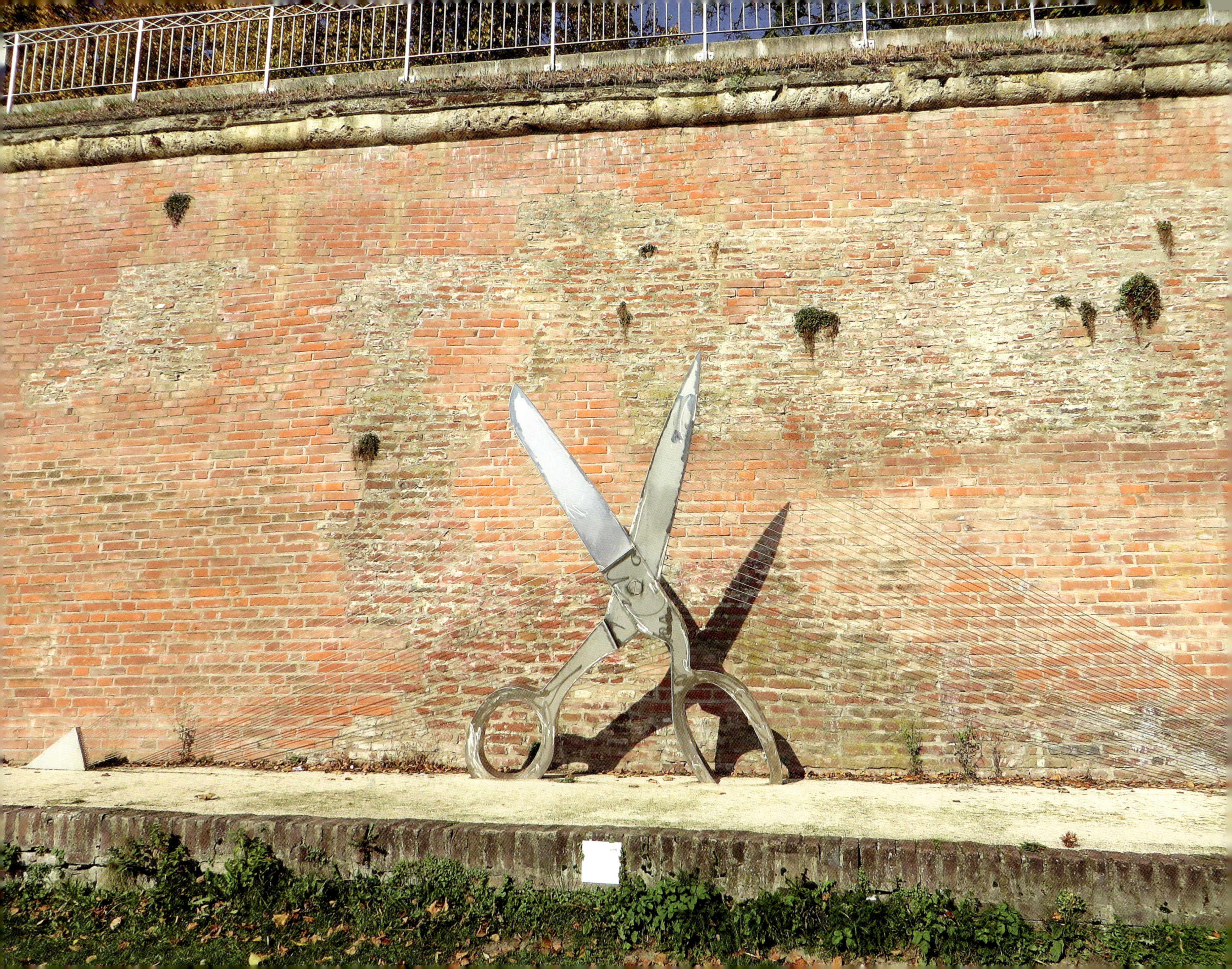

Gastronomie auf dem Wasser: Das Bootshaus

Uferweide
Der Wind biegt und kämmt sie, brechen kann er sie nicht.

Der Rosengarten Blick über die Donau nach Neu-Ulm

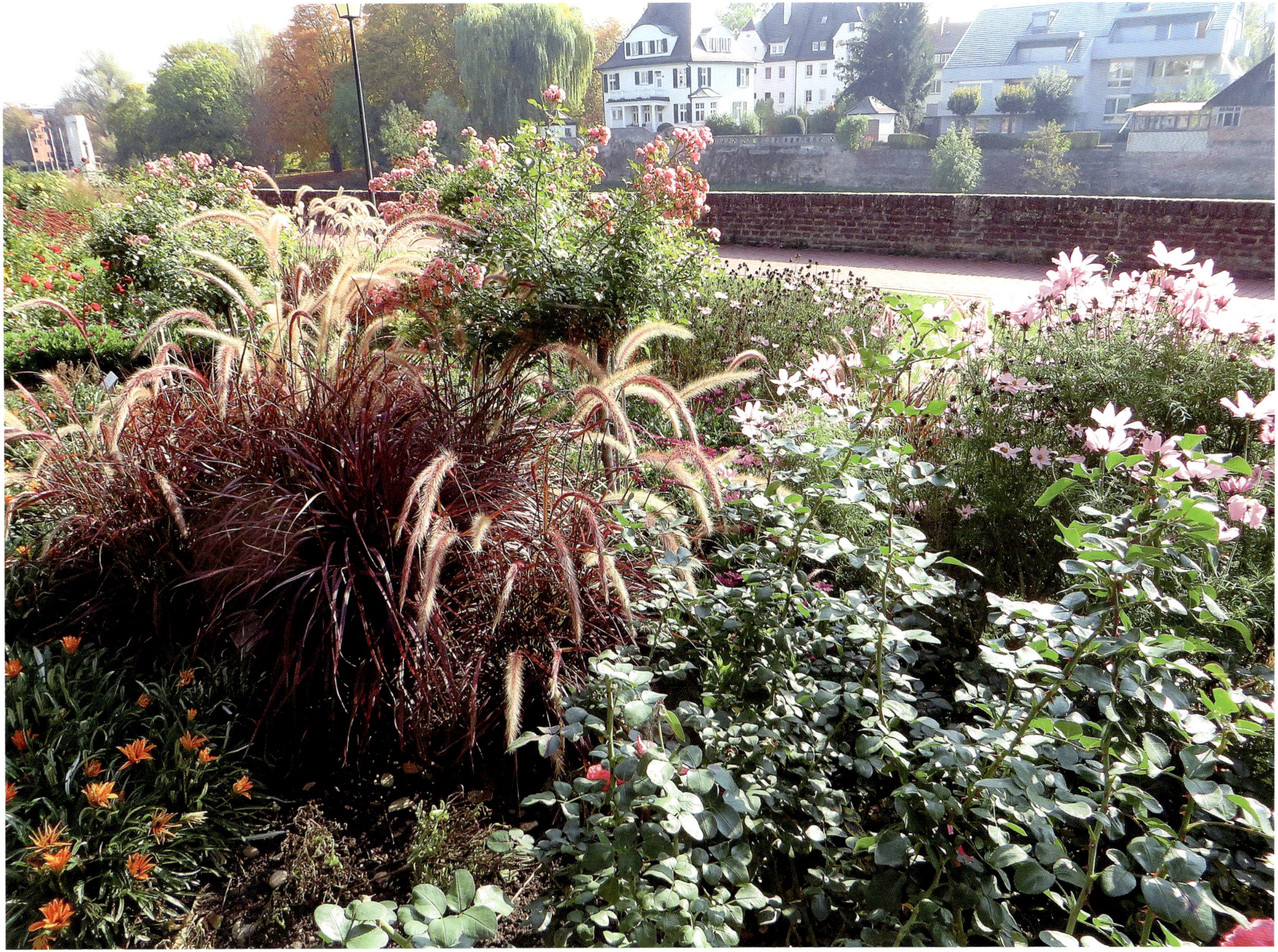

Der Duft von Sommer ...

... und eine Ahnung vom Herbst

Die Rose

– sie hat alle Schwere verloren. Ihre Lichtheit, die Klänge von Gelb, von Rosa, das Bett aus Blütenblättern, wie in Wellen bewegt:

schöner, flüchtiger Schein.

Friedrichsau

Diese seit 1811 bestehende Parkanlage entlang der Donau ist die größte Grünfläche in Ulm und Neu-Ulm. Vor über 200 Jahren schenkte König Friedrich I. der Stadt Ulm 2000 Gulden zur Anlage eines Stadtparks. Die Ulmer legten die Donauauen im Osten der Stadt trocken und hoben damit die „Friedrichsau" aus der Taufe.

◀ Im Hintergrund die Skulptur „Gang" von Alf Setzer, 1993

„An der schönen blauen Donau" – Die Farbe des Wassers ist gebrochen, ganz selten klar. Sie kann erdig-dunkel sein wie der Matsch im Frühjahr auf den Bauernhöfen, freundlich grün wie das Uferlaub, doch niemals blau. ▶

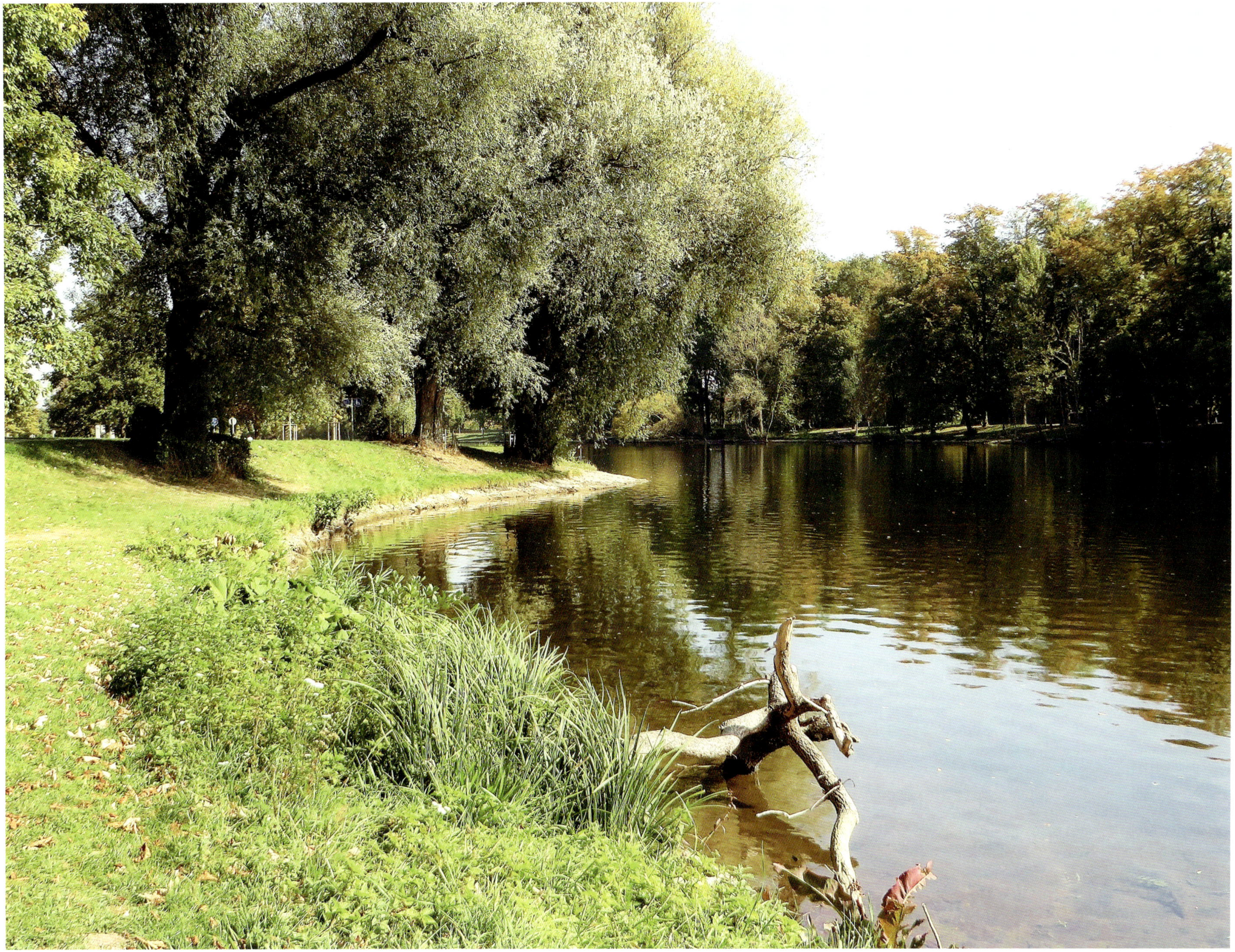

Zärtlich streift das entblößte Geäst der Uferweide über das Wasser, sammelt den Glanz der untergehenden Herbstsonne, in Erinnerung an einen Sommer, der als flirrendes Gold zerfließt.

Ein Gold und Rot über dem Wasser wie über mythischen Welten. Letztes Aufleuchten vor dem kommenden Winter.

Spaziergang am Donauufer –

„Wie ein Ohr voll Bach, ein Auge voll Cezanne ist"- so empfand Hermann Hesse das Fallen der Blätter im Herbst als Geschenk für den Spaziergänger, Farb-Töne, die ihm entgegenfließen vor der winterlichen Zerstörung, um ihn zu trösten in diesem ewigen Spiel von Dasein und Vergänglichkeit.

Die junge Donau

In scheinbarer Zeitlosigkeit fließt sie dahin, atmet noch nicht Ausdehnung, Weite, Freiheit. Ich hole aus meinen Gedächtnisbildern das Donaudelta hervor, lasse den Fluss einen mächtigen Strom werden, der, 2840 km entfernt von seiner Quelle Donaueschingen, in der weiten Deltalandschaft ins Schwarze Meer fließt, endgültig befreit von Schilf und Uferland.

(Blick von der Adenauer-Brücke auf die Eisenbahnbrücke und das Münster)

Ulms Charmeoffensive – Blick vom Neu-Ulmer Jahnufer auf die Stadt Ulm.
Böse Ulmer Zungen behaupten, das Schönste an Neu-Ulm wäre die Sicht auf Ulm,
während die Neu-Ulmer meinen, das Beste an Ulm sei die Autobahn nach München. Wir glauben natürlich niemandem.

Farbgeflüster am Donauufer

Herbst liegt in der Luft
Friedrichsau. Ein Moment der Leichtigkeit, des Schwebens, doch auch der Verwilderung, des sich Aufgebens – die Natur spielt ihr eigenes Spiel mit dem Tod.

Auf ihn ist Verlass: Der Nebel. Als sei er in dieser Stadt geboren. Zeit, in die Landschaft zu gehen, die in uns liegt …

Heimatlosigkeit

Wo sind jene Alten, die hier die Schachfiguren zurückließen, die Einsamen, die unter den Kastanienbäumen ihr Bier tranken, die Flüchtlinge, die mit dem Handy in der Hand vereinzelt auf den Parkbänken saßen? Und welches Land war ihre Wiege gewesen, frage ich mich. Losen Blättern glichen sie, die verloren herumwirbeln, auf einen Haufen gekehrt werden. Allen das eine gemeinsam: die Heimatlosigkeit.

(Stadtpark am Karlsplatz)

Novemberblues

Herbstliche Farbenmischung, die auf die Stimmung drückt. Fallende Blätter, leichter Regen, November-Blues. Endlich die Heizung aufdrehen, einen Tee kochen, Musik hören, lesen.

(Weg von der Donau hinauf zur Wilhelmshöhe)

Die sterbebereiten Blätter steigern noch einmal die Pracht ihres bunten Totenkleides.

Und dann ist er da, der Winter.
Schnee legt sich kalt auf Menschen,
Dächer und Plätze.
Wie hier auf dem Münsterplatz.

Sie ist nicht allzu weit geöffnet, die Bühne, welche die Kaufhäuser der 50er Jahre und das Stadthaus sachte zur Seite schiebt, sich dem Ulmer Münster zu Füßen legt und Platz macht für den steinernen Zeugen der Geschichte, den eigentlichen Mittelpunkt der Stadt, errichtet in Jahrhunderten ad maiorem Dei gloriam.

Schneegestöber

Fast ein Gemälde im Stil des Pointillismus. Die Umrisse des Münsterportals, Paradiespforte genannt, sind nur andeutungsweise wahrzunehmen, die Phantasie des Betrachters kann das Bild vollenden.

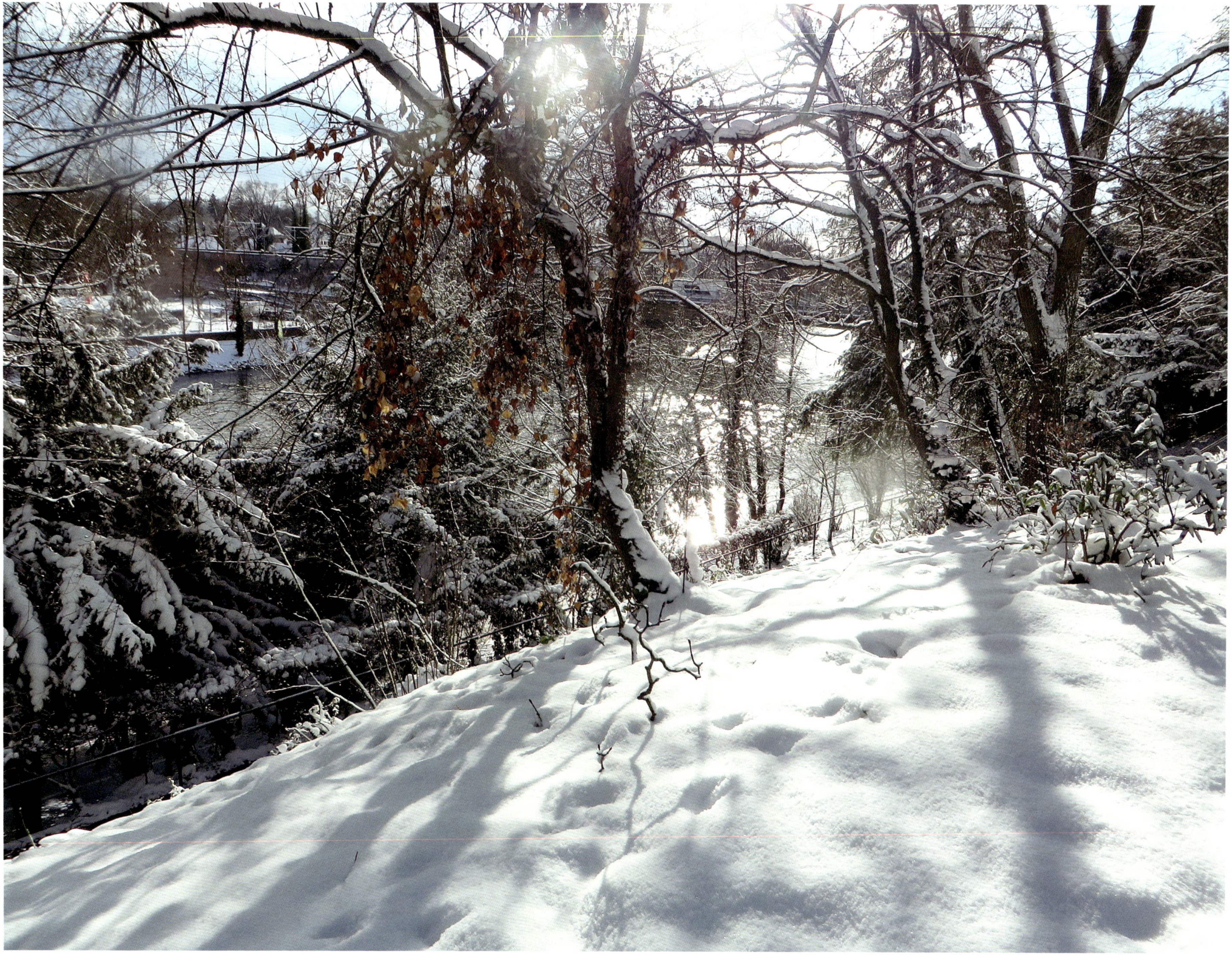

Weiße Zeit

Aufgang zur Wilhelmshöhe: Bastion Lauseck (1527–1801), Eckpfeiler der massiven Umfassungsmauer

Blick von der Wilhelmshöhe auf die Stadt

Promenade

Ulms „gute Adresse"
im Fischerviertel
oberhalb der Lauseck-Bastion

Bäume-Hochzeit oder Blüten, die dem Winter trotzen?

Ich begegne den Bäumen in dem kleinen Stadtpark / Büchsengasse. Die makellose Schönheit ihrer Blüten macht es mir schwer, an Winter und Verfall zu denken.

Dachlandschaften im Fischerviertel

151

Auf Du und Du mit der Geraden

Hochschule für Kommunikation und Gestaltung;
Donauufer

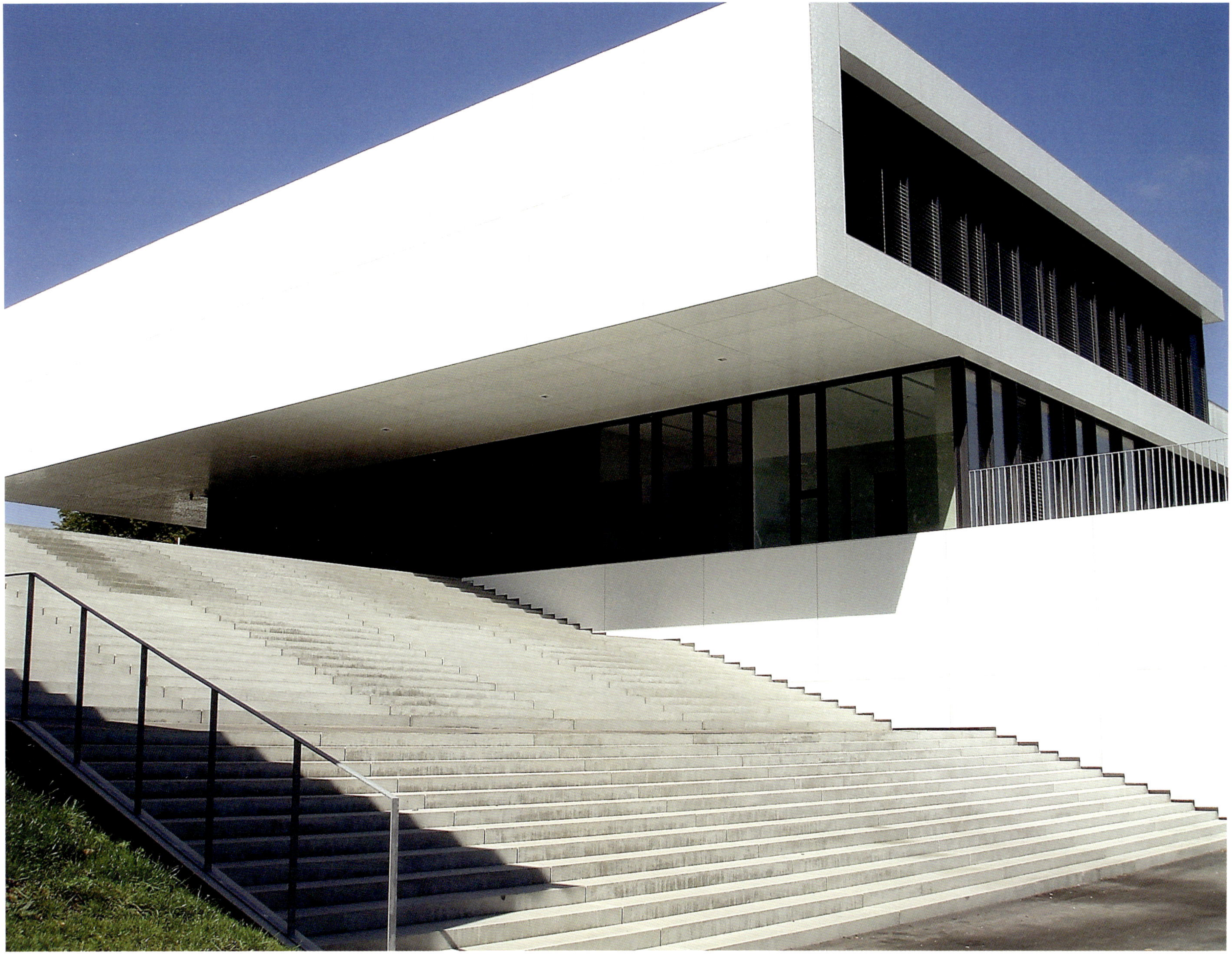

Erbis-Brunnen
vor dem Gänstor

Ursprünglich befand sich auf der Säule eine Kugel, die eine Erbse dargestellt haben könnte. Heute hält ein steinerner Löwe zwei Schilder in seinen Krallen.

Der Gänsturm*,
einstiges Stadttor der mittelalterlichen Stadtbefestigung nahe der Donau, wurde 1360 aus Buckelquadern der abgetragenen staufischen Stadtmauer gebaut und 1495 aufgestockt.

* Gäns-, Zundel- und Metzgerturm sind die einzigen Türme, die von der mittelalterlichen Befestigungsanlage erhalten blieben.

Die Gegend rund um das

Gänstor

war einst sehr ländlich geprägt, bis ins 20. Jh. existierten hier noch große Grünbereiche, die von Kleinbauern und Gärtnern ausgiebig genutzt wurden.

Um den Namen des Tores rankt sich folgende Legende:

Als der Bau des Turmes fertig war, wurde man sich über dessen Namen nicht einig. Da bestimmte der Baumeister und die Herren des Rates, es solle den Namen desjenigen lebenden Wesens führen, das nach Eröffnung des Tores dieses zuerst durchschreite. Der Zufall wollte, dass diese Ehre einer Gans zuteil wurde. Sie war einem Gänsehirt entkommen und lief durch das Tor. Damit war dem Tor der Name gegeben.

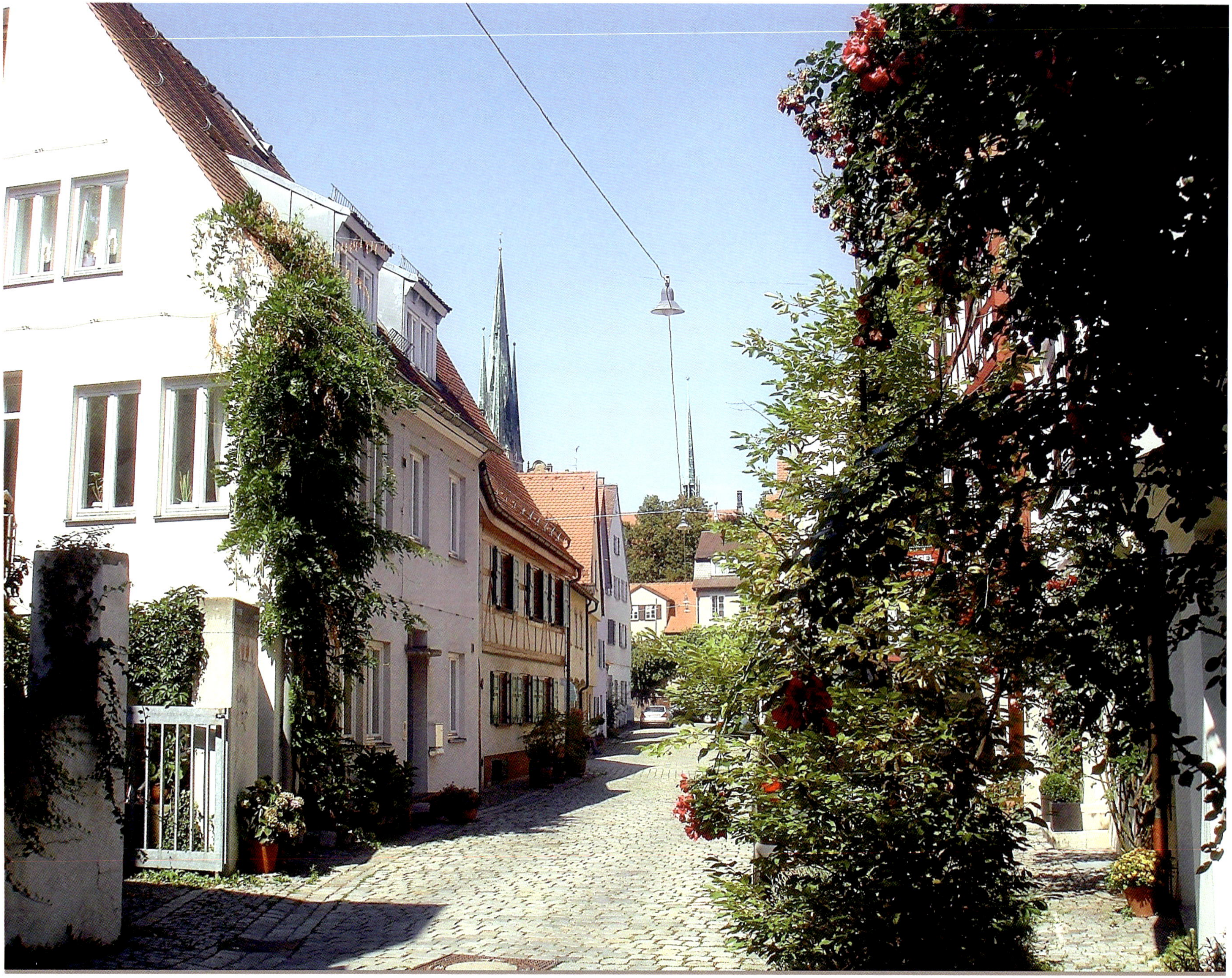

Auf dem Kreuz

Brennt's irgendwo? Oder rückt gar der Feind heran?

Einst gab ein Guckehürle auf dem Dach darüber Auskunft.
Ein Guckehürle ist ein „Späh-Stübchen" auf dem First eines Hauses. Wie der Name nahelegt, diente es als Ausguck insbesondere für den Fall, dass irgendwo ein Feuer ausgebrochen war oder feindliche Truppen vor der Stadt standen.

Guckehürle in der Büchsengasse

Respekt vor der eigenen Geschichte zeigt sich an den alten Häusern, die unter Denkmalschutz stehen; Auf dem Kreuz

Farbenfreude in der Theatergasse

Dieses Fachwerkhaus aus dem 15. Jahrhundert, das, versteckt hinter der Häuserzeile, einen bunten Traum träumt, hat sich noch eine altdeutsche Holzdecke in der Stube bewahrt.

Buntes in der Dachtraufe

Ein von Architekt Hans Moser 1907 erbautes Haus, mit Malerei in der Dachtraufe und einer Vorhalle mit schmiedeeisernem Tor; Bockgasse / Theatergasse.

Sebastianskapelle

Das spätmittelalterliche Gebäude mit Spitzbogenfenstern und gotischem Gewölbe aus dem Jahr 1415 wurde von den Franziskanern zu Ehren des Hl. Sebastian, Schutzpatron gegen Pest und Patron der Schützengilde, gestiftet, 1532 profaniert und im Jahr 1900 umgebaut. Heute wird die Kapelle für Ausstellungen genutzt. (Hahnengasse)

Relief über dem Eingangsportal

Zeughaus

Der um 1602 mit Renaissancemotiven reich verzierte Baldachin über dem Hauptportal des zum Zeughaus gehörenden Reiterbaus zeigt das Wappen des Königreichs Württemberg, darunter das Monogramm und Steinmetzzeichen des Ulmer Bildhauers Peter Schmid.

Der Löwenbau des Zeughauses, 1666 von Leonhard Buchmiller errichtet, mit imposanten Barocklöwen über dem Portal.

Das **Zeughaus** ehemaliges Waffenarsenal der Reichsstadt Ulm, wurde ab 1522 in mehreren Etappen erbaut. Das Äußere zeigt die typische Putzquaderzeichnung mit Facettensteineinfassungen der Fenster. Große Teile des Gebäudekomplexes wurden 1945 zerstört.

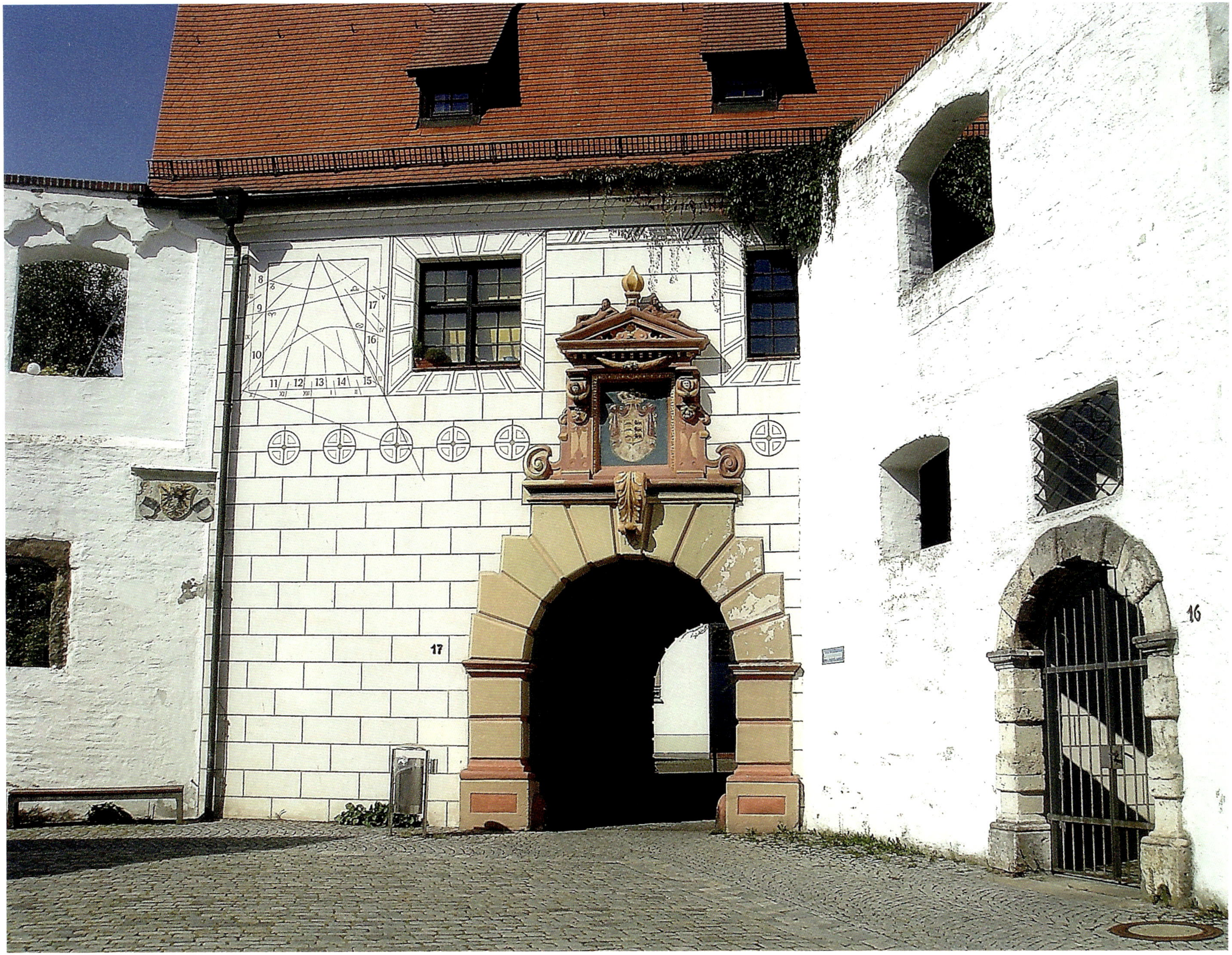
17
16

Zungezeigen auf dem Gelände des historischen Zeughauses ▸

Einstein-Brunnen, Teil der Bronzeguss-Plastik von J. Goertz, 1984

Als die Ulmer Nationalsozialisten die Einsteinstraße in Fichtestraße umbenannten, aber kurz nach der Befreiung vom Nationalsozialismus die Ulmer ihre Straßennamen von den Reminiszenzen an die Nazis befreiten und dabei die Fichtestraße wieder in Einsteinstraße zurückbenennen wollten, soll Einstein geäußert haben:

(...) Ich glaube, ein neutraler Name, z.B. „Windfahnenstraße", wäre dem politischen Wesen der Deutschen besser angepasst und benötigte keine Umtaufen im Laufe der Zeiten.

Ruinen
des 1945 stark zerstörten Zeughauses lassen seine ehemalige Größe erkennen.

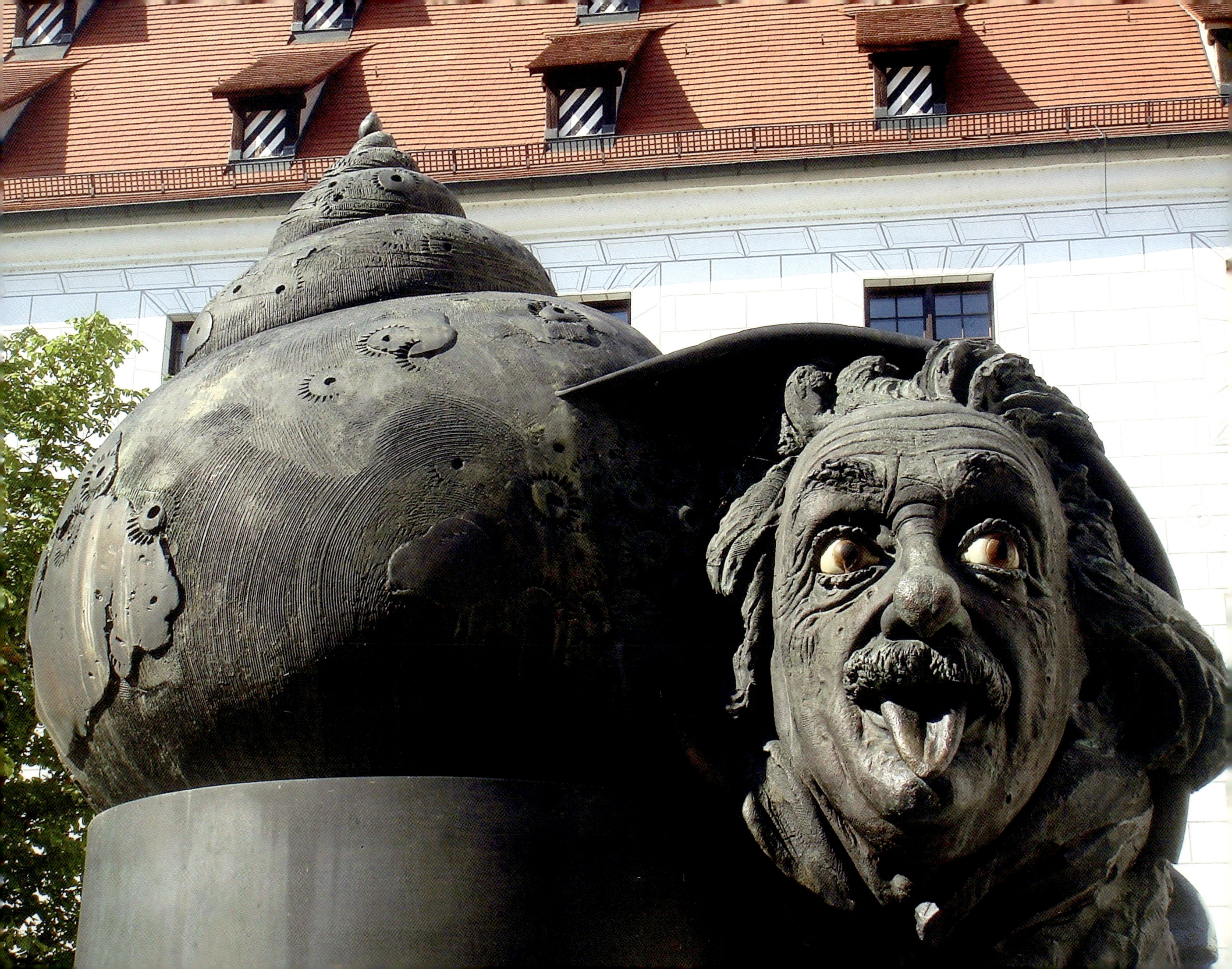

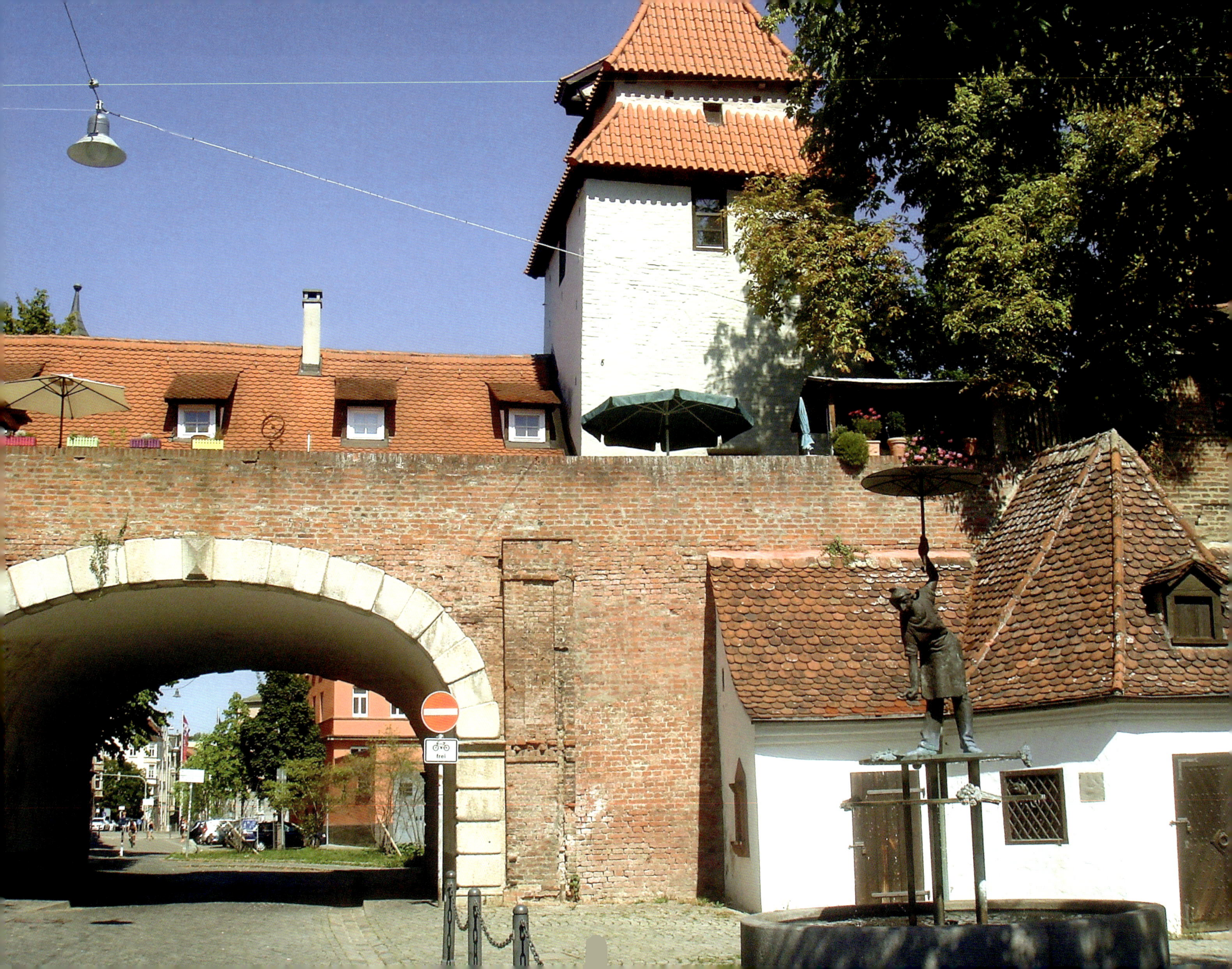
frei

◁ Bezauberndes Eck:

Das Zundeltor

Sein Name stammt von den gelagerten Materialien im Seelturm, in welchem Zunder und auch Pulver aufbewahrt wurden. Über dem Tor einige **Grabenhäuser,** rechts anschließend der **Seelturm,** der im 14. Jahrhundert auf der Stadtmauer errichtet wurde und in dem die Seelschwestern Kranke und Aussätzige pflegten. Ab 1638 diente der Turm als Pumpwerk, welches Wasser in das nebenstehende, achteckige Brunnenhaus pumpte und dort speicherte. Davor der **Griesbadbrunnen.**

Der Griesbadmichel
Plastik von Karl-Ulrich Nuss, 1994

Dies liebenswerte Ulmer Original, ein Hausknecht in der Wirtschaft zum Griesbad*, verdiente sich noch etwas dazu, indem er sich bei Regen mit dem Schirm aufmachte und Regenwürmer für die Angler sammelte. Nachts tat er dies mit einer Laterne. Ob er dabei auch dem Geist begegnete, von dem folgende Sage erzählt?

Ging man in Ulm zur Geisterstunde beim Griesbad, so hörte man hinter sich ein Schlarben. Schaute man sich aber um, so sah man nichts. Und doch begann es wieder, so dass es einem ganz unheimlich wurde. Es rührte von einem Geist, dem „Schlarber".
Als dann nach Jahren dieser unheimliche Gast nicht mehr erschien, nahmen die Ulmer an, der Schlarber habe sein Vergehen gebüßt und sei endlich erlöst.

* Heilbad beim Griesbrunnen, erstmals erwähnt 1392

Grabenhäuschen

Die Stadt hatte nicht nur eine Seele für Kranke sondern auch für Soldaten. In kriegsbedrohlichen Zeiten warb die Reichsstadt Ulm zusätzliche Truppen an. Als Quartier für diese erbaute sie 1610 die Grabenhäuschen auf dem Stadtmauerwall und 1634 die Grabenhäuschen am Henkersgraben.

Die Garnisöner führen in ihren so beliebten, freundlichen und gesunden Grabenhäuschen meistens ein ruhiges und beschauliches Leben, sie füllen ihre freie Zeit mit Strumpfstricken, Fischen oder einer sonstigen friedlichen Beschäftigung aus.

(General von Loeffler in seinem Aufsatz „Ulmer Grabenhäuschen und Garnisöner" 1891, Stadtarchiv)

Heiteres mit schwarz-weißem Strumpf: Der strickende Soldat, geneckt von seinem offenherzigen Liebchen.

Das sympathische Strumpfduett, von dem Ulmer Maler Hermann Geyer mit Farbe und Witz auf Kacheln gepinselt, begrüßt uns beim Treppenaufgang zu den Grabenhäuschen an der Olgastraße / Ecke Salzstadel.

Wo Religion fehlt, da fehlt um jedes Ding seine Harmonie und Ewigkeit, (– das, was es ewig-gültig macht) und keine kulturellen Ideale können das ersetzen, keine noch so laute Begeisterung für sie macht das gut: es fehlt das Unzeitliche, von keinem Strom Mitfortgerissene, das in jedem Gebet lebt.

(Lou Andreas-Salomé, 1900, „Russland mit Rainer")

Kirche St. Georg

Neugotik, 1902 bis 1904 als katholische Garnisonskirche von Architekt Max Meckels in neugotischem Stil erbaut. Seit 1909 dient sie der katholischen Pfarrgemeinde St. Georg als Pfarrkirche.

Weihnachten in der Kirche St. Georg

Pauluskirche

Das evangelische Pendant zur katholischen Georgskirche und damals ebenfalls Garnisonskirche wurde 1910 eingeweiht. Sie ist die Gemeindekirche der Ulmer Paulusgemeinde. (Frauenstraße)

Türme der Pauluskirche
Theodor Fischer errichtete die Pauluskirche als eine der ersten Betonkirchen (überarbeiteter Sichtbeton und Backstein) in Deutschland.
Sie nimmt einzelne Elemente des Jugendstils und der Romanik auf; die beiden granatenförmigen Türme im Osten sollen an syrische Kuppeln erinnern.

Alter Friedhof

Zwischen der St. Georg- und Pauluskirche gelegen dient er den Bewohnern der Oststadt als Naherholungsgebiet und ist gleichzeitig „grüne Lunge" des Stadtviertels.

Die über tausendjährige Geschichte des Ulmer „Alten Friedhofs" beginnt mit der ältesten Pfarrkirche, die „ennet velds", also „jenseits" der Stadtmauer gestanden hat. Die Gründung dieser einstigen Sammelkirche für ein weites Umland datiert der Chronist Felix Fabri auf das Jahr 600. In seiner Beschreibung der Stadt hält er fest, dass dieser Kirche „in ganz Schwaben keine andere glich." Schon früh findet hier ein bei der Kirche gelegener Kirchhof Erwähnung.

Als die Ulmer ihre Pfarrkirche 1377 in den Schutz der Stadtmauern holten und neu errichteten, legten sie dort auch einen Begräbnisplatz an. Die kunstvollen Bildhauerarbeiten aus der Vorgängerkirche ließen sie in die Stadt tragen und über den (Münster)Toren einarbeiten. Dagegen wurde der Kirchhof jenseits auf dem Feld nicht aufgegeben sondern blieb erhalten. (Infotafel / Stadt Ulm)

Geschichtspfad – Neben Aufwertung von Wegen, Bänken, Beleuchtung und Eingangsbereichen wurde auch ein Geschichtspfad für den Alten Friedhof angelegt. Er besteht aus einem zentralen Informationspunkt in der Mitte des Friedhofs, Erläuterungen an den Eingängen und Infotafeln zu zahlreichen Einzelgräbern, die restauriert wurden.

Schätze – Jenseits der Mauer tobt der Autolärm der Frauenstraße, hier aber sind drei Schätze daheim: Schweigen, Geduld, Gelassenheit.

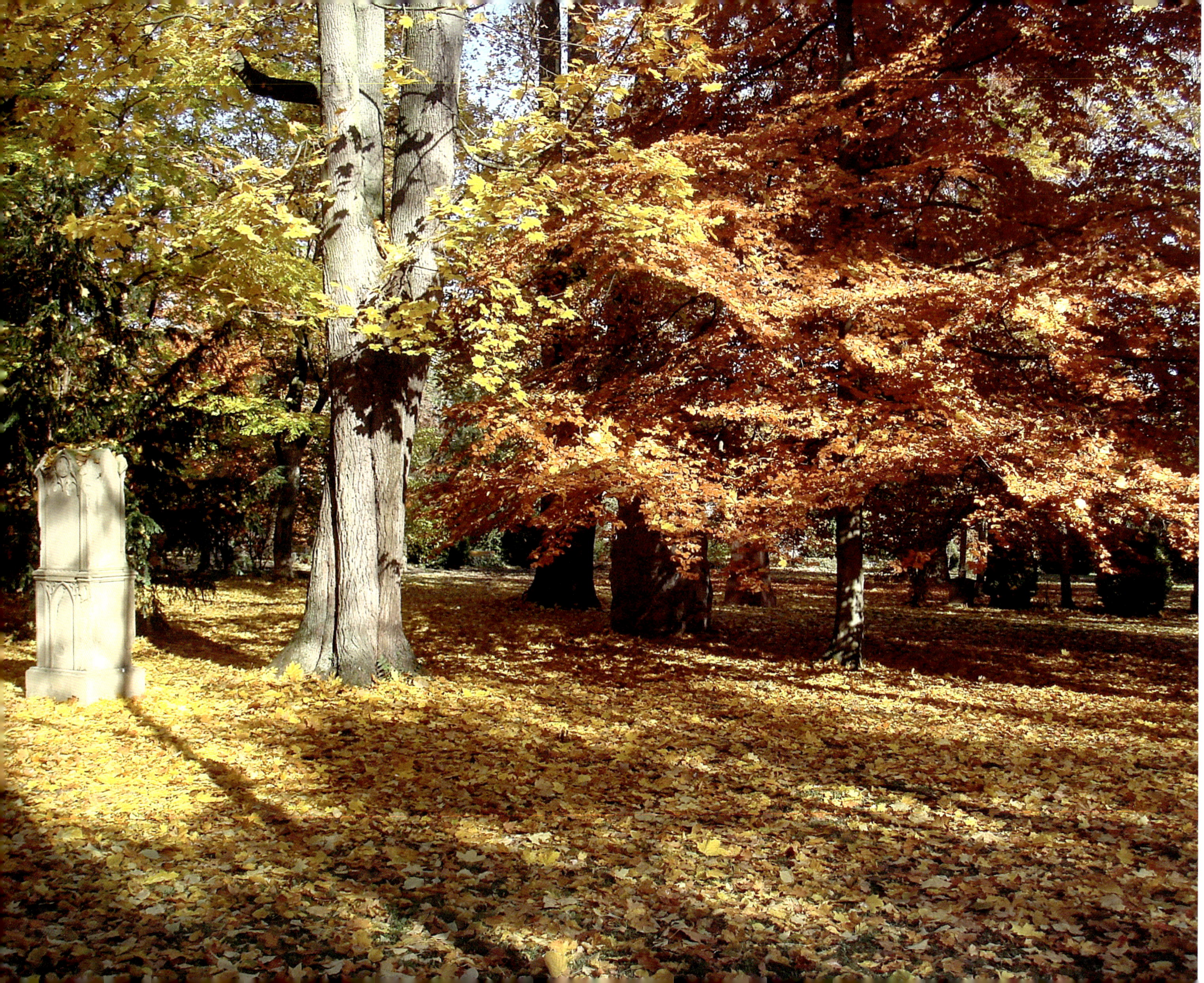

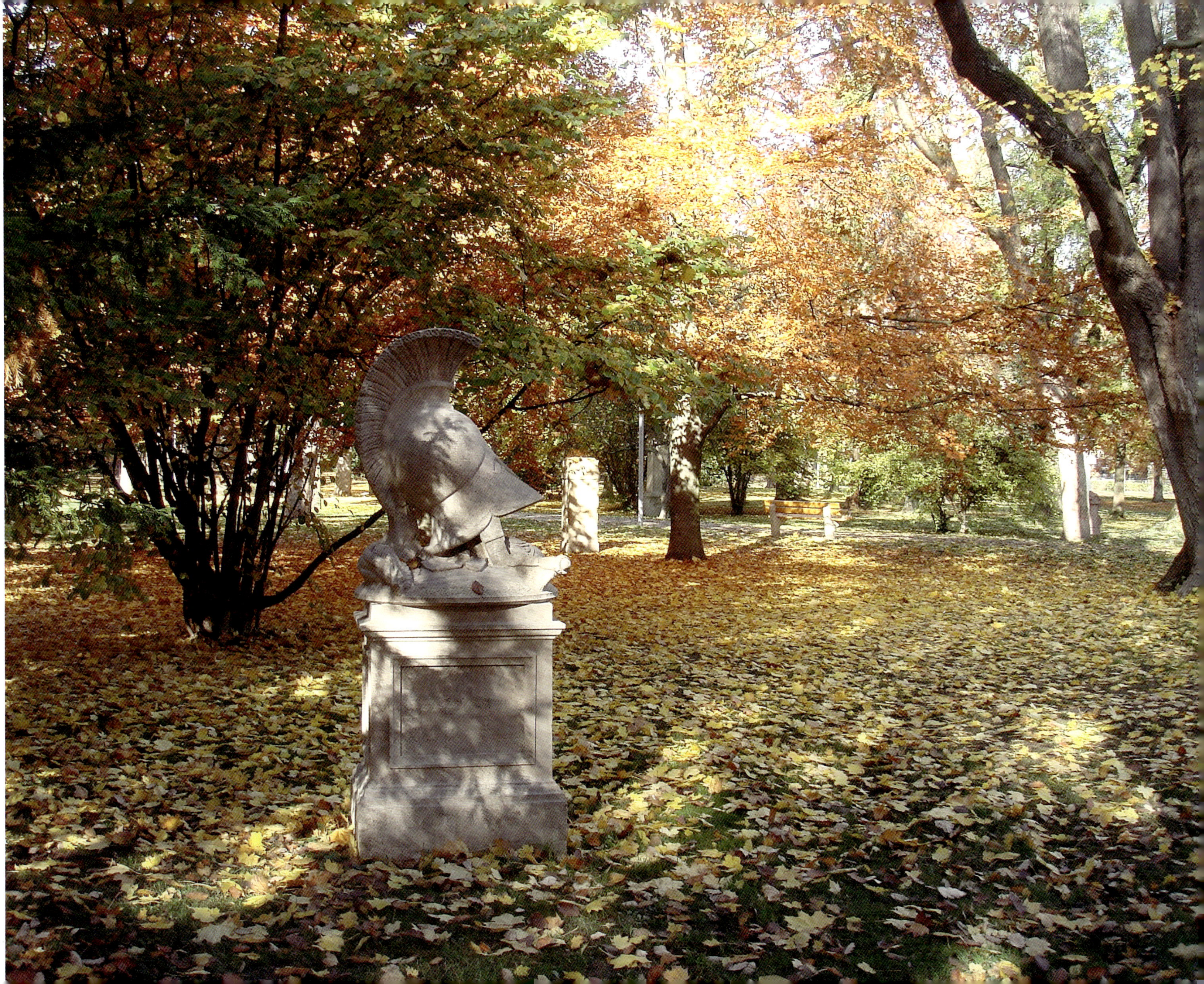

Israelitischer Friedhof

Zur Neugestaltung des Ulmer Kirchhofs im 19. Jahrhundert gehörte auch die Anlage eines Israelitischen Friedhofs. Im Nordwesten, direkt an den christlichen Kirchhof angrenzend, schuf die Ulmer jüdische Gemeinde nach 1852 einen ummauerten Friedhof mit eigenen Vorschriften. Zuvor waren die Toten in Laupheim oder Buchau beerdigt worden. Das Gräberfeld wurde 1874 erweitert. Nach der Anlage des Neuen Friedhofs mit einem israelitischen Bereich an der Stuttgarter Straße sollten ab 1899 keine Begräbnisse mehr am alten Ort stattfinden. Die Zeugnisse der Vergangenheit entgingen der Vernichtungswut der Nazis nicht. Die Grabsteine des Israelitischen Friedhofs wurden abgeräumt und 1943 erfolgte die „Übernahme" des Grundstücks in den Besitz der Stadt. Seit 1950 ist die einst von der Ulmer jüdischen Gemeinde geschaffene Anlage Eigentum der Israelitischen Religionsgemeinschaft Württemberg. (Infotafel / Stadt Ulm)

Schnee fiel, wurde Landschaft, das Vergangene nimmt das Aussehen von Ewigem an.

Jugendstil in der Parkstraße

Gegen die allgemeine Stilverwirrung der Pseudo-Stile Neu-Renaissance, Neu-Barock und Neu-Klassizismus richtet sich der nach einer Münchner Zeitschrift „Die Jugend" benannte Jugendstil, welcher dem historischen Ornament schwungvolle vegetabile oder abstrakte Linienornamente entgegensetzt.

Bürgerhaus, erbaut 1905 von Architekt Sigmund Strudel. Relief mit Schiller-Bildnis am Erker und über der Tür; dabei wurden Stilelemente des deutschen Zopfstils – lange, schmale Laubgehänge, auch Feston (franz. „Girlande") genannt – übernommen.

Haustür in Jugendstil

Bürgerhaus,
errichtet 1905 von Architekt Sigmund Strudel, mit buntem Jugendstildekor in Materialien wie Keramikreliefs, Emaille-Arbeiten.

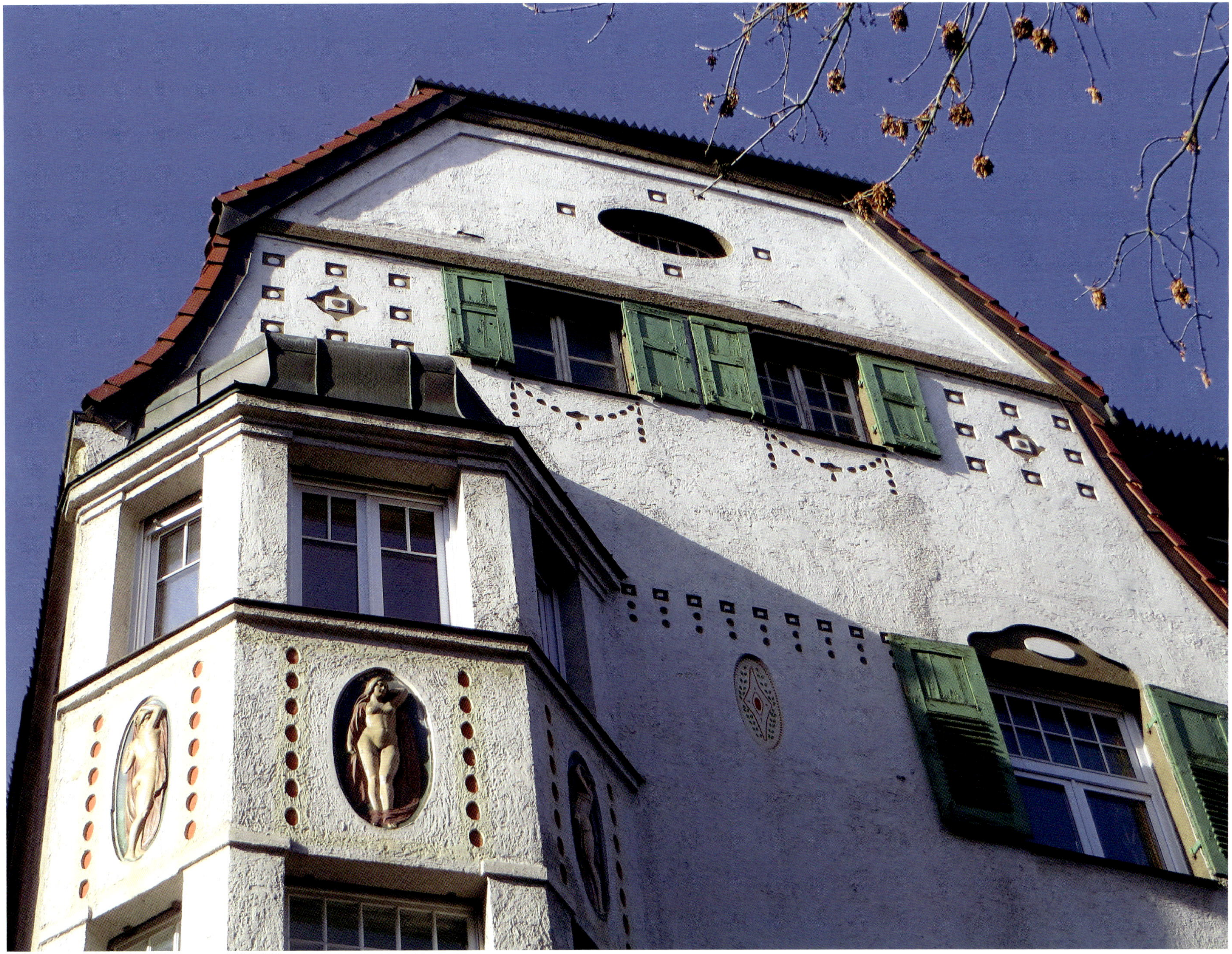

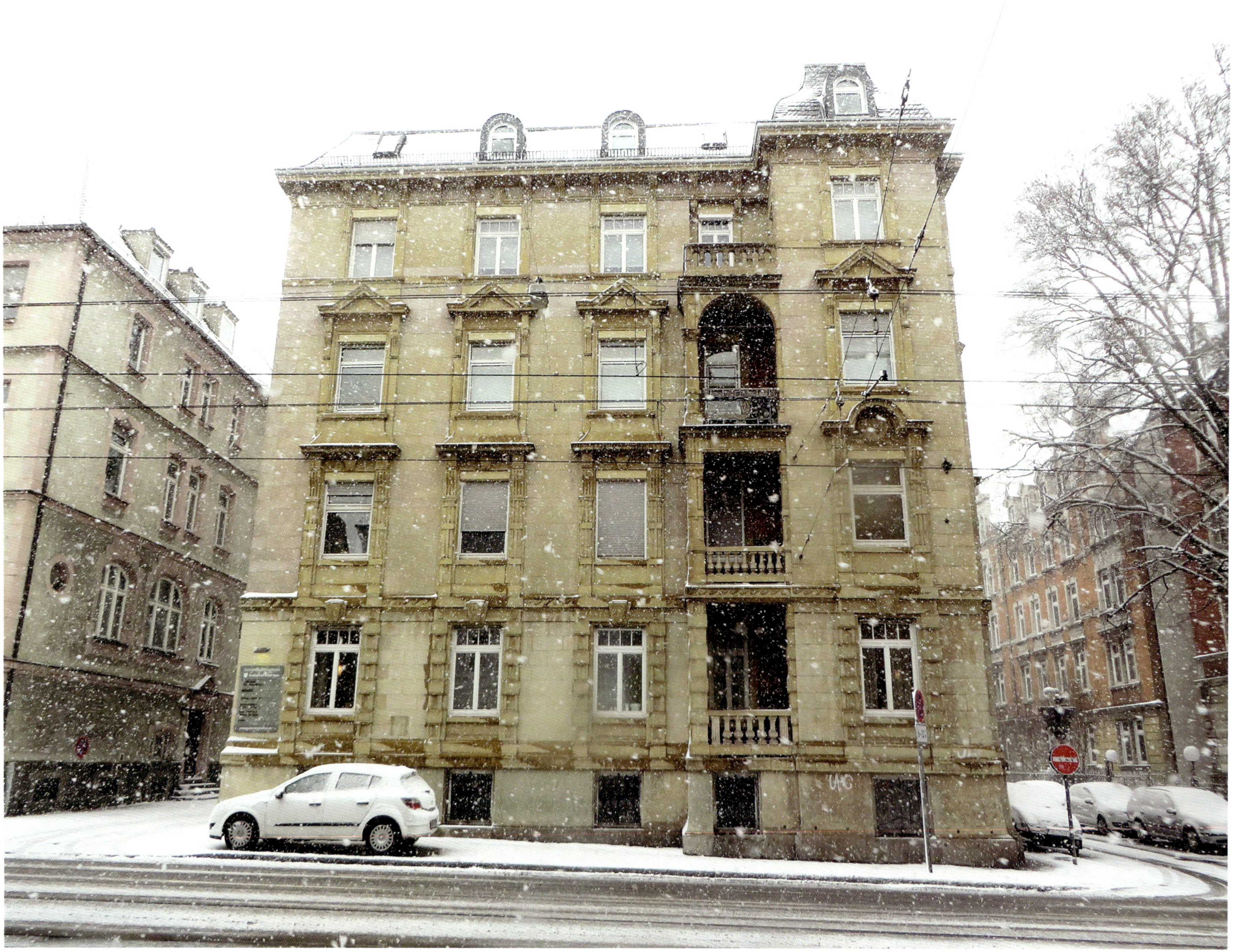

Eingangsportal ▷
▲ und Jugenstilfenster im Treppenhaus

Von Architekt Paul Kienzle 1903 erbautes Gebäude, welches in den 1930er Jahren von Familie Scholl bewohnt wurde;
heute Gesundheitszentrum Geschwister Scholl Haus, Olgastraße

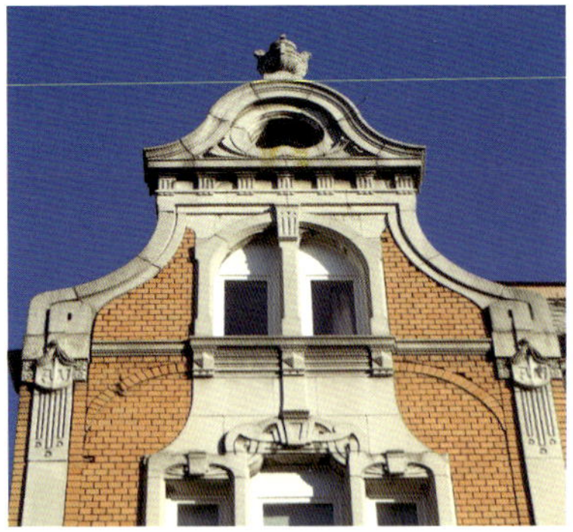
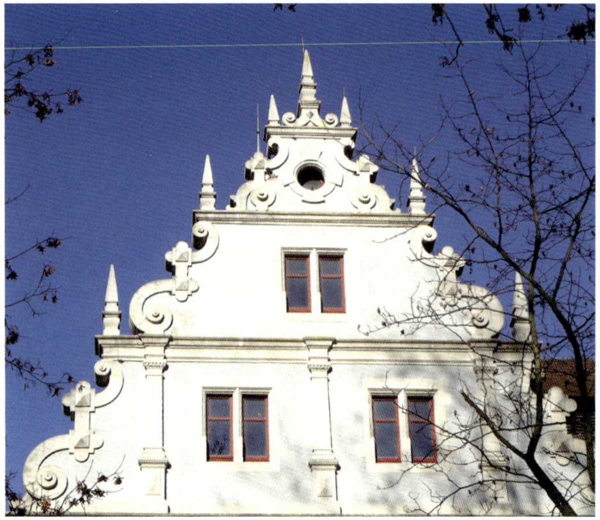
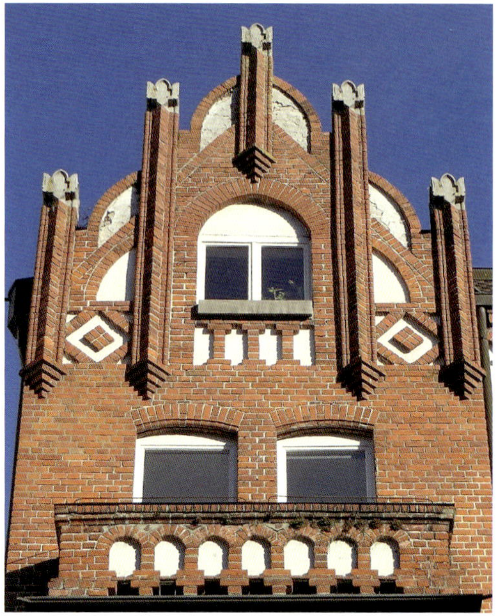
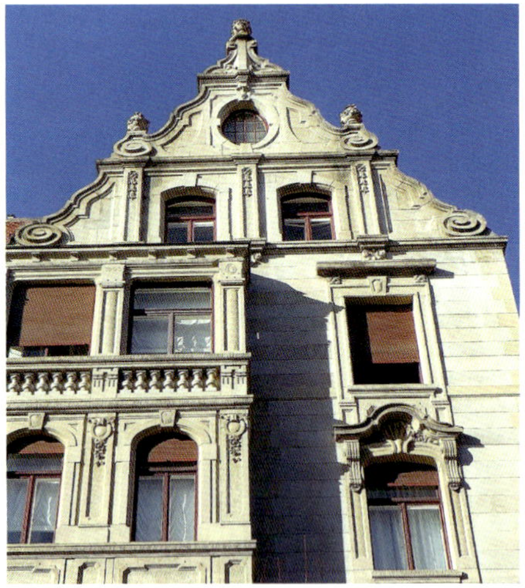
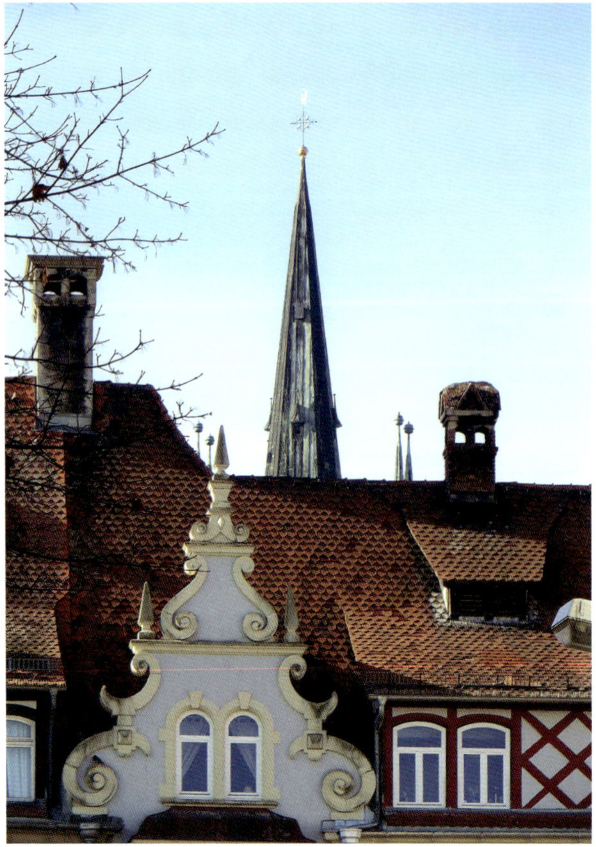
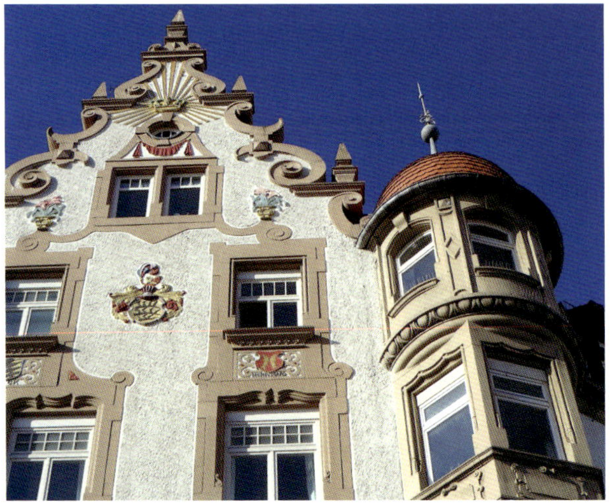
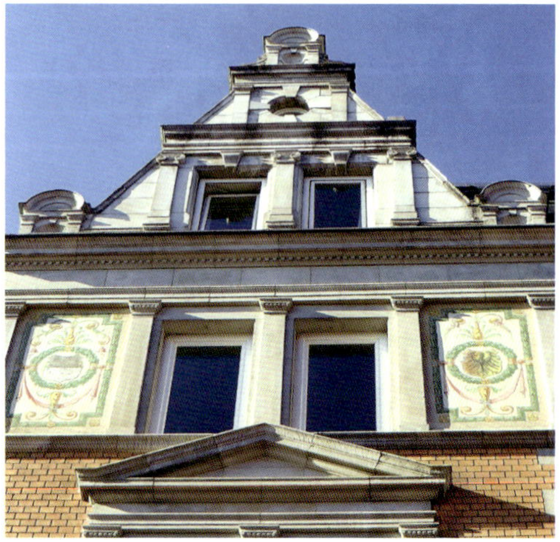

Vom Zauber der Giebel
Oststadt

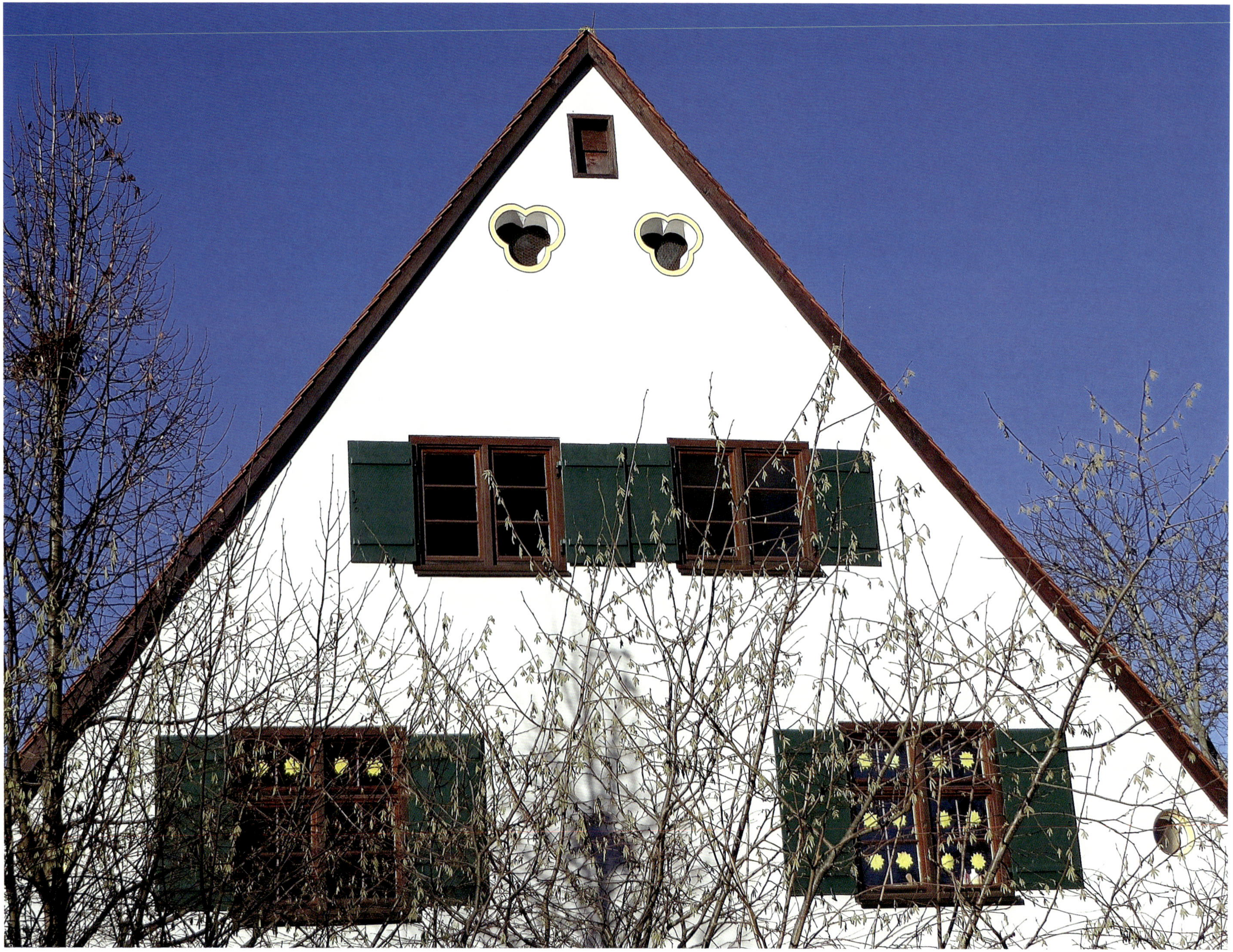

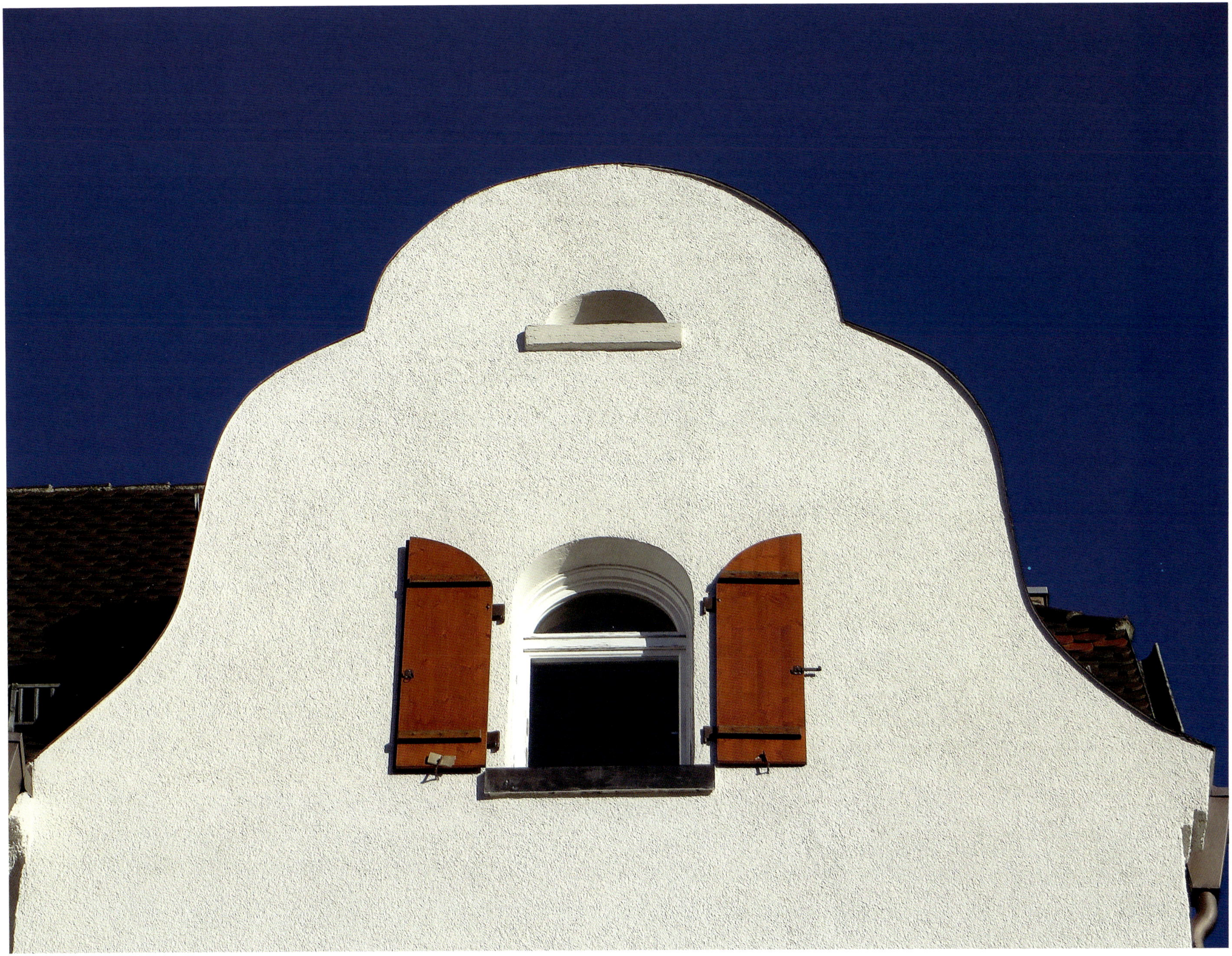

Dem Gestern ein Morgen geben: Weiße Lamellenfassade der Sporthalle / Humboldt und Kepler-Gymnasium

Legende oder Geschichte, wer weiß es schon so genau...

Im Bauernkrieg hatte der Schwäbische Städtebund einen Haufen Bauern angegriffen, die sich bei Erbach und an der Donau zusammengetan haben. Da sie aber geschlagen wurden, zerstreuten sie sich, einige von ihnen flüchteten ins Ried, wohin ihnen kein Reiter folgen konnte. Dennoch wurden sie gefangen und nach Ulm geführt. Da sie aber so viele waren, dass weder Türme noch Gefängnisse genug vorhanden waren, sie unterzubringen, schloss man sie alle in Schulstuben ein. Hier lagen sie einige Tage dicht gedrängt beieinander gefangen. Schließlich suchte man die Anführer und Hauptaufwiegler heraus und strafte sie, die Übrigen ließ man mit Verweisen laufen. Sie wurden ab dann spottweise „die Schüler von Ulm" genannt.

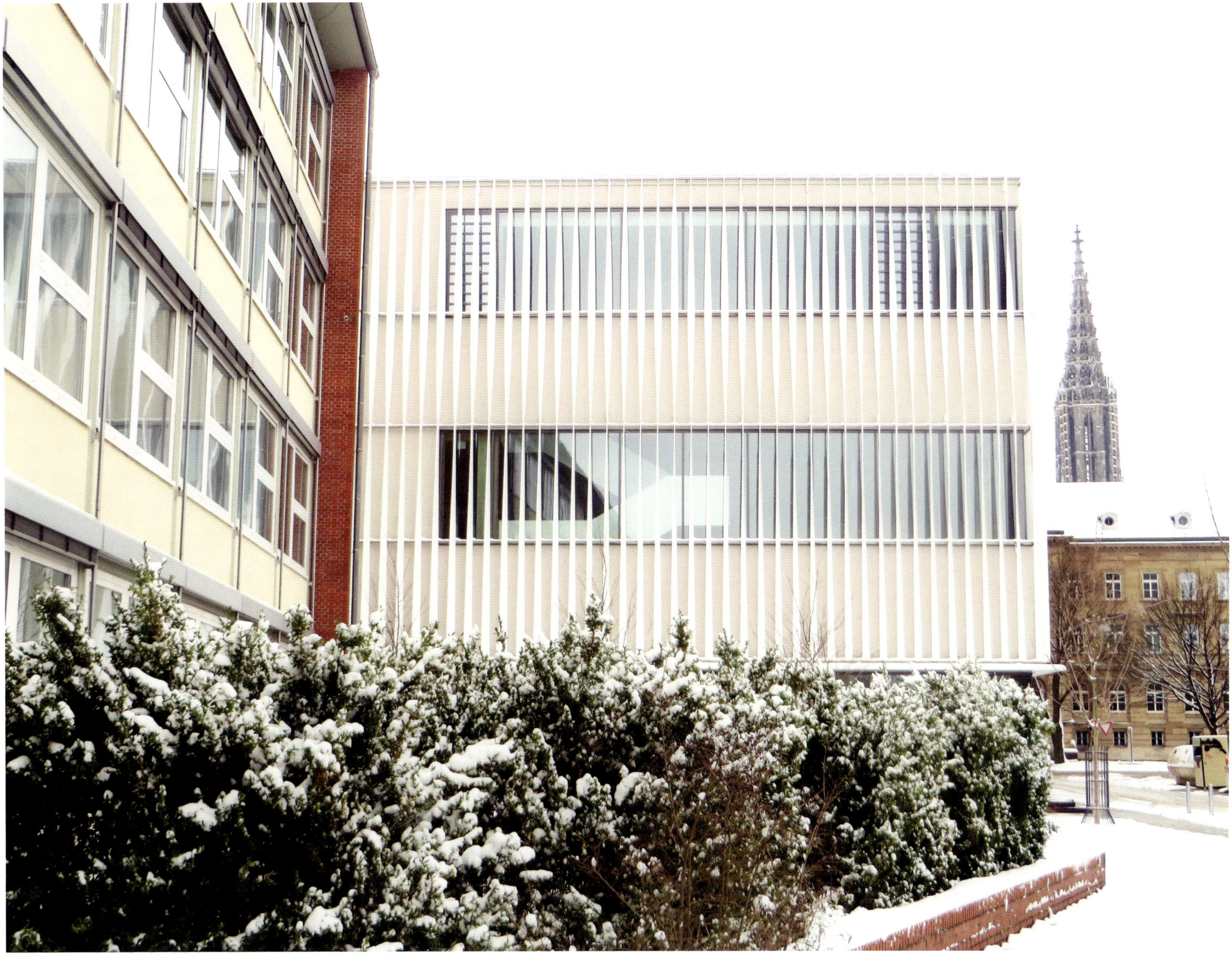

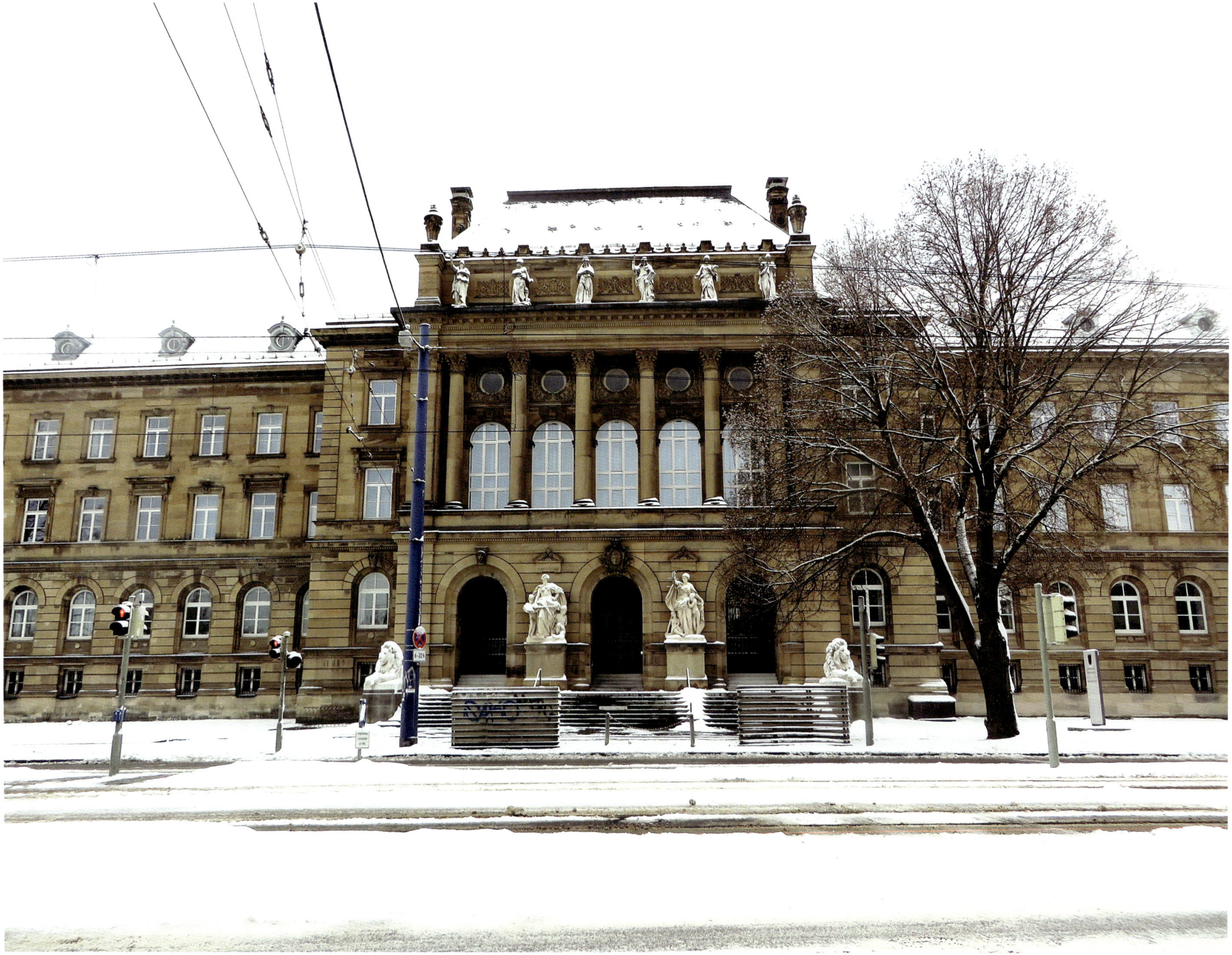

Justizgebäude

neoklassizistisches Gebäude, 1893–1897 nach Plänen des Stuttgarter Oberbaurats Carl von Sauter errichtet; Olgastraße

Gerechtigkeit für jeden: Die Figurengruppen am Hauptportal, entworfen um 1898 von Karl Federlin, stellen die Göttin Themis als schützende und Dike als strafende Gerechtigkeit dar, beide werden flankiert von zwei grimmig blickenden Löwen.

(...) Das zweite ist, dass Gerechtigkeit dem Armen und Mittellosen ebenso zuteil wird wie dem Reichen und Vornehmen. Dafür nämlich waren die alten Ulmer berühmt. (...) Wegen ihrer bekannten Gerechtigkeit fanden früher auch Tagungen, Versammlungen und Verhandlungen von Fürsten, Adligen und Städtern bei den Ulmern statt, und sie gehorchten deren Urteil und Entscheidungen.

(Felix Fabri, Traktat über die Stadt Ulm, 1488/89)

Von Spatzen umschwirrt und der Morgensonne beleuchtet, in die Straße blickend, die seinen Namen trägt, steht er auf dem Platz, den ihm die Stadt und der Bildhauer Federlin ehrenvoll zuwiesen – **Karl von Heim,** Ulmer Stadtvorstand und Oberbürgermeister zwischen den Jahren (1863 – 1890); Justizgebäude

Kontraste in der Heimstraße Rechts im Bild kleine Grabenhäuschen, erbaut 1610 auf dem alten Stadtwall, links stattliche Großbürgerhäuser, errichtet während der neuzeitlichen Stadterweiterung zwischen den Jahren 1889 und 1930.

Jugendstilgebäude, als Gewerbebank 1905 von den Architekten Eisenlohr und Weigle erbaut, heute Sitz der Ulmer Volksbank; Gebäudeteil in der Olgastraße

Jugendstilgebäude; Ulmer Volksbank, Gebäudeteil Ecke Frauenstraße / Heimstraße

Über dem Seiteneingang ein Nachtwächter, der ritterlich die Zirkulation dessen bewacht, was der Volksmund Moneten, Mammon, Marie, Groschen, Steine, Kies, Moos, Mäuse, Zaster, Zunder, Zechinen, Knete, Pinkepinke, Kröten, Pulver, Lappen, Eier, Kohle, Koks, Schotter, Taler, Piepen oder Pekunien nennt.

Ver-rücktes Haus
... und verdreht noch dazu

Die sogenannte „Jack-Villa", erbaut 1890, wurde 1903 im Zusammenhang mit dem Bau der damaligen Gewerbebank (heute Ulmer Volksbank) um 50 Meter weiter nach Osten verschoben und um 90 Grad gedreht. Nun steht das kleine Neo-Renaissancegebäude dem großen Gebäudekomplex der Volksbank nicht mehr im Wege und teilt uns die glückliche „Wendung" seines Schicksals anhand einer Tafelinschrift mit. (Heimstraße)

Dieses Haus, 1890 an der Stelle des nördl. Teils der heut. Gewerbebank erbaut, wurde i. Herbst 1903 unter Beihilfe v. Ulmer Pionieren durch den Werkmstr. Erasmus Rückgauer im Ganzen ohne jeden Unfall ca 50 m weit verschoben und dabei um ein Viertel seiner Achse gedreht.
Fam. Jack.   Gew.-Bank.
NEUAUFBAU ÜBER EINER TIEFGARAGE 1985

Villa, entworfen 1911 von Albert Unseld, Ulmer Maler und Architekt.
Auf dem Turm eine Welsche Haube*; Heimstraße

* Ein glockenförmig geschweiftes Turmdach, das oft in der Renaissance und im Barock gebaut wurde. Der Begriff „welsch" bezeichnet eine fremdländische, meist romanische oder keltische Abstammung.

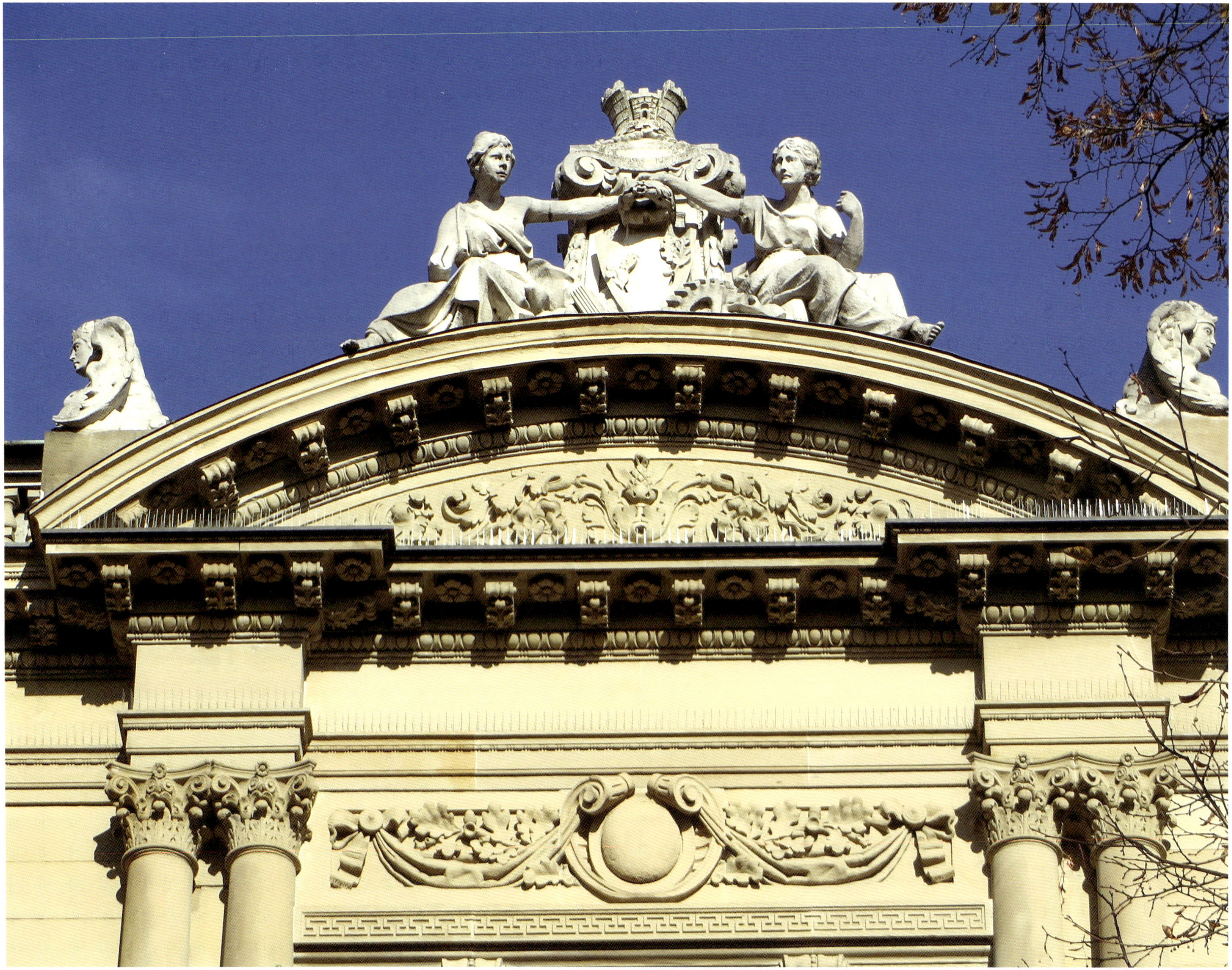

Villengiebel, Architekt Raimund Singer; Heimstraße

Wer sieht da weg?
Muskulöse Atlanten stützen nicht den Himmel über Ulm, sondern bescheren den Passanten aus einem Jugendstil-Blumenkelch verhalten plätschernde Wasserklänge.

Atlantenbrunnen
errichtet 1898,
wiederaufgebaut 1999.
Im Hintergrund das sogenannte Kaiser-Friedrich-Haus; Platzgasse/Olgastraße

Büchsenstadel

Das Fachwerkhaus mit spätgotischem Backsteingiebel, erbaut 1485 als reichsstädtischer Stadel zunächst für Salz, ab 1592 als Geschützlager, beherbergt heute das städtische Jugendhaus; Platzgasse

Kanonenkugeln aus Stein, an der Giebelseite eingemauert, im Mittelalter Büchsen genannt, erinnern an wackere Stadtverteidigung.

Giebel des Büchsenstadels, in Backstein ausgeführt; mit Eselsrückengliederung*

* In der Spätgotik eine Variante des Spitzbogens, unten konvex, oben konkav verlaufend

Und ewig lockt... der Schuh! Und das nicht nur in der Fußgängerzone der Platzgasse.

Wohnen in der Herrenkellergasse

Die Fassade des Hauses – ein seltenes Ulmer Beispiel für den Baudekor des 18. Jahrhunderts.

Dieses barocke **Wirtsschild** schmückt das Gasthaus „Herrenkeller" und ist ein Dokument fünf Jahrhunderte alter Herbergsgeschichte.

Zuckerbrot, eine Ulmer Spezialität, duftet nach Rum, Rosenwasser, Anis und Fenchel, doch das letzte Quäntchen Zutat wird als Familiengeheimnis auch heute noch wie Gold gehütet; Herrenkellergasse

Historisches Brauhaus

Drei Kannen

Hafenbad

Die Arkaden-Loggia ▸ mit gut erhaltener Barock-Stuckdecke (1671) ist ein Schmuckstück des heutigen Gasthofs Drei Kannen und erinnert an das 1550 gebaute Schlössle der Familie Weickmann.

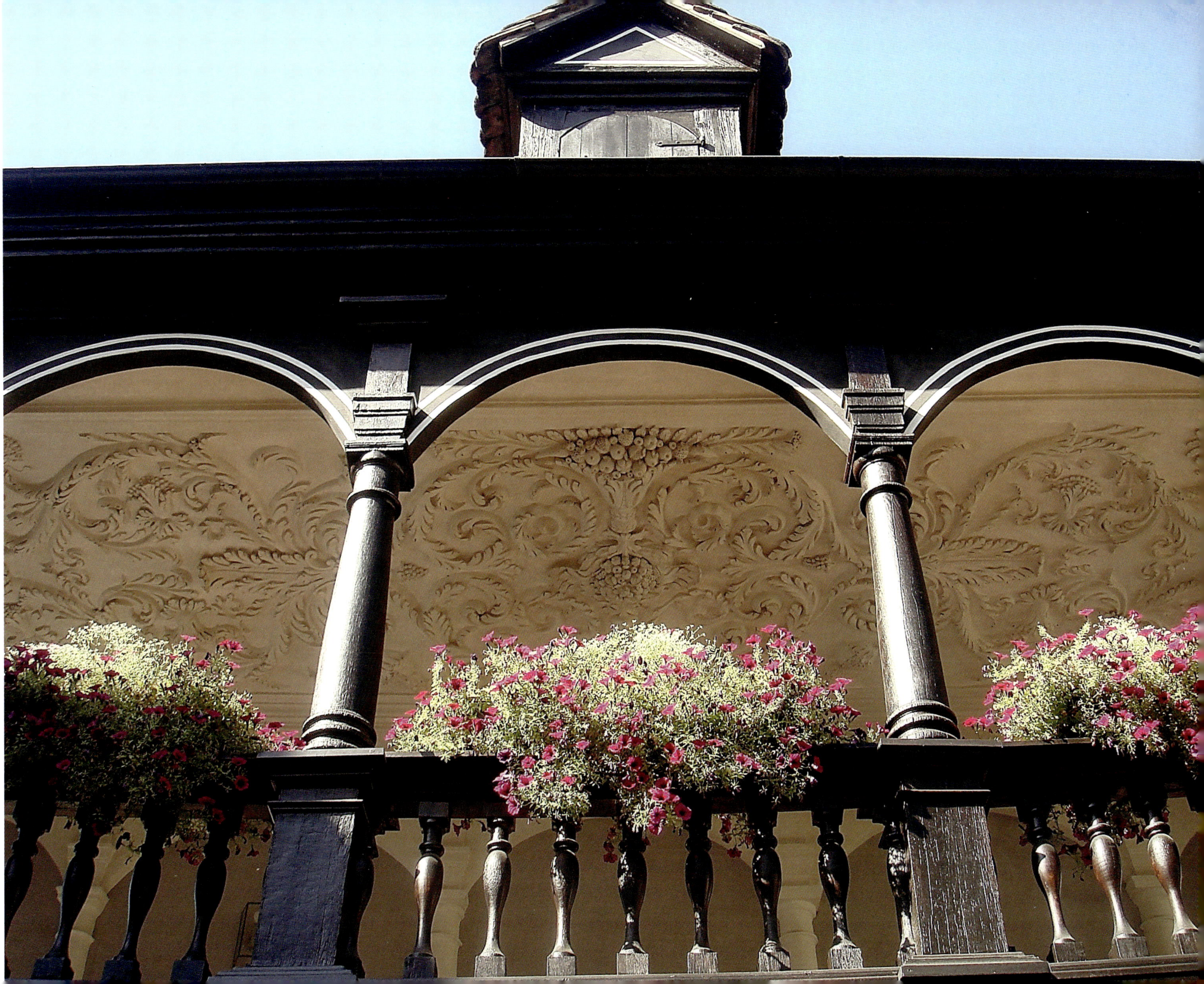

Die vh Ulm wird 70!   „Weltoffen, kritisch, engagiert" – so das Motto der Festveranstaltungen 2016 zu Ehren des 70. Geburtstages der Volkshochschule Ulm, die, auf den Namen Albert Einstein getauft, im Jahre 1946 gegründet wurde.

Das Kornhaus

Der imposante Renaissancebau mit Wellengiebel und reicher Sgraffitoverzierung wurde bereits 1594 als städtisches Lagerhaus für Getreide errichtet. Nachdem das Gebäude 1944 vollständig ausbrannte, erhielt es 1961/62 einen neuen Innenausbau und dient seither als Konzertsaal sowie Tagungs- und Ausstellungsraum.

Die strenge Linienführung dieser Eingangstür weist klassizistische Formelemente auf; Kornhaus

Kornhäusle
heute Crêperie;
Kornhausgasse

Gott schütze dieses Haus
vor Not und Feuer
vor Amtswillkür
und vor der Steuer.

(Hausinschrift)

Eintracht

Nach dem Genuss einer Crêpe im Kornhäusle steigen wir auf den engen Holzstiegen in den ersten Stock und stehen vor dem **„kleinsten Spätzle-Museum der Welt"**, vor Gebrauchsgegenständen, einstmals nützlich und redlich, Spiegelungen einer fernen Kindheit. Die winzige Schaustelle zelebriert die Erinnerung daran, indem sie Tuchfühlung aufnimmt mit der verlorenen Zeit und dem verschollenen Raum – Großmutters Küche von einst wird Gegenwart, in der Dinge und Mensch sich gegenseitig freundlich sind. Uns bleibt, über diese Eintracht zu staunen.

Nie verschmäht

Brezel salzig, Brezel süß, Brezel mit Lauge, Brezel ohne Lauge, Brezel zu Palmsonntag, Brezel zu Neujahr, Brezel zum Frühstück, Brezel zur Party, Brezel zum Bier, Brezel zum Radi, Brezel in Ulm und um Ulm herum nie verschmäht!

Das historische Restaurant Pflugmerzler, eines der ältesten Lokale der Stadt; Pfluggasse

Fachwerkhaus
mit Giebel-Bild;
Pfluggasse

Ulms schönster Schilderwald

Der sechste Stand der Bürger in der Stadt Ulm besteht aus der Vielzahl von Handwerkern, von deren Menge und Mannigfaltigkeit ich fast nichts im einzelnen zu sagen weiß, erdrückt von der Last einer solchen Menge, und man muss auch nicht ausführen, wie diese Stadt das Gemeinwesen bewahrt und unterhält, weil das ein jeder bei sich und in seinem Haus spürbar wahrnehmen kann. Würde man die Handwerker wegnehmen, wo sind dann die Häuser, die Wohnungen, die Kleider und die Stoffe? Mit solchem Eifer aber üben die Ulmer Handwerker ihre Berufe aus, dass die Produkte der Ulmer allenthalben die teuersten und wertvollsten sind, weil niemand ein Meister in einem Handwerk wird, wenn er nicht durch ein überaus strenges Examen geprüft wurde.

(Felix Fabri,
Traktat über die Stadt Ulm, 1488/89)

Geschäftshaus mit neogotischem Fassadendekor
(Erker, Fialen, Spitzbogen, Menschenfiguren), erbaut 1898 von Stadtbaumeister Romann; Hafenbad ▶

Bäckerhaus in der Hafengasse

Kornhauskeller
auch Kindsvatter-Haus genannt

Es schneit, die Kälte zwickt. Schnell an den Herd, schnell in Ulms älteste erhaltene Küche!

Wir finden sie im ersten Stock: Dunkelheit, abgetretener Steinboden, steinerner Herd, rußgeschwärzter Rauchfang, im Holz über dem türlosen Eingang die eingeritzte Jahreszahl 1563.

Das herrschaftliche Wohn- und Lagerhaus aus der Zeit der Renaissance ist nach exemplarischer Restaurierung Träger des Denkmalschutzpreises 1987 des Schwäbischen Heimatbundes. Die heutige Nutzung (im Erdgeschoß Café im Kornhauskeller, im Obergeschoß pro arte – ulmer kunststiftung) nimmt soweit wie möglich Rücksicht auf den historischen Bestand mit zum Teil noch gut erhaltenen historischen Bauteilen. (Hafengasse)

Innenhof

Eine Stehlampe in der Ecke des winzigen Raumes. Ich mache Licht, entdecke neben dem Herd an der verfleckten Küchenwand die Porträts des Ehepaares Kindervatter. Und ich bin mir nicht sicher, ob er, Lazarus Kindervatter, geb.1751, gest. 1814, ehemaliger Besitzer des geräumigen Hauses, damit gerechnet hat, den Bürgern des 21. Jahrhunderts hier an diesem Ort, in diesem engen Raum zu begegnen...

**Ein Leben zwischen Hell und Dunkel
Schubart-Gedenktafel;**
Engel-Apotheke, Hafengasse

Der Dichter, Publizist und Komponist Friedrich Daniel Schubart ist der wort- und schreibgewandteste Vertreter der Aufklärung in Ulm. Seine Ulmer Jahre von 1775 bis 1777 bezeichnete er als die glücklichsten Jahre seines Lebens. Hier, in der freien Reichsstadt, war er vor dem Zugriff des Herzogs Carl Eugen sicher. Im Jahr 1777 auf württembergischen Boden zurückgelockt, wurde er dort ohne klare Anklage verhaftet und für zehn Jahre in der Festung Hohenasperg eingekerkert. Nach seiner Freilassung 1787, gesundheitlich geschwächt, seelisch arg in Mitleidenschaft gezogen und unter Depressionen leidend, starb Schubart 1791 im Alter von nur 52 Jahren.

Über das Ulmer Münster notierte Schubart Folgendes:

Großheit und Schauerhöhe rührte mich immer stärker, als blose ruhige Schönheit; daher empfand ichs nie mächtiger, daß ich noch eine offene empfängliche Seele hatte, als wenn ich das Münster bestieg, diese heilige Piramide, Gott und dem Genius der Deutschen zu Ehren hingethürmt: Städte, Dörfer, Felder, alles von meinen lieben Menschen wimmelnd; Wälder, Ströme, Berge, Fluren ins Gold der Sonne getaucht; und über mir der freundliche, zum Dach gewölbte Himmel in blauen Wellen hinfließend!

(Christian Friedrich Daniel Schubart: "Leben und Gesinnungen" 1793)

Scheltet mir nicht die Deutschen! Wenn sie auch Träumer sind, so haben doch manche unter ihnen so schöne Träume geträumt, dass ich sie kaum vertauschen möchte gegen die wachende Wirklichkeit unserer Nachbarn...

(Heine, Gespräche auf der Themse, 1828)

Hirsche mitten in Ulm

Sie strecken den Hals aus einer verblichenen Renaissancemalerei, drehen ihren plastisch ausgebildeten Kopf nach dem Licht, welches spärlich von der Straße in die Eingangshalle des im Jahre 1578 erbauten Patrizierhauses Ehinger (heute Kulturabteilung der Stadt, Frauenstraße 19) dringt, als würden sie fragen, wo sich wohl die wirklichen, realen Bäume in Ulm und um Ulm herum befinden.

Neptunbrunnen – Nicht der Donaugott Danubius ist's, sondern Neptun höchstpersönlich, der sich im 17. Jahrhundert nach Ulm aufmachte, um auf dem sogenannten Judenhof, wo einst die erste Synagoge stand, frisches Nass zu spenden, während sein vergoldeter Dreizack auch heute noch mit den Sonnenstrahlen um die Wette funkelt.

Georgsbrunnen
Renaissance am Schuhplätzle. Eine Lanze gegen das Böse, sommers wie winters!

Das sogenannte **Schuhhaus** wurde 1536/38 von der Reichsstadt Ulm als Lager- Tanz- und Markthaus erbaut. Während man in den Gewölben des Erdgeschosses an Markttagen Schuhe und/oder Brot verkaufte, wurde das Obergeschoss – einer der schönsten Renaissancesäle Süddeutschlands – als Fest-, Fecht- und Tanzsaal genutzt. Heute dient dieser Saal dem Kunstverein Ulm als Ort für Ausstellungen und Veranstaltungen. Im Erdgeschoß, wo von 1903 bis 1975 die Ulmer Feuerwehr eingerichtet war, wird heute italienische Feinkost serviert. (Kramgasse)

Sperrhaken aus Schmiedeeisen zur Befestigung von Sperrketten gab es einige in Ulm. Mit ihrer Hilfe wurden ab dem Dreißigjährigen Krieg Tore und Gassen durch eiserne Ketten vor feindlicher Reiterei geschützt. (Ecke Schuhhaus / Apothekerstraße)

Spätgotischer Erker in Ulms Neuer Mitte – seltenes Überbleibsel eines spätmittelalterlichen Patrizierhauses
(Restaurant „Besitos", früher „Wienerwald"-Filiale)

Gründungsrelief
der Kirche St. Michael zu den Wengen
Das Relief über dem Westportal der heutigen Wengenkirche zeigt den knienden Bürgermeister Hartmann Ehinger und dessen Frau, die ein gotisches Sakralbaumodell in ihren Händen tragen. Unterstützung erhalten sie durch den Erzengel Michael, Kirchenpatron und fürsorglicher Betrachter der Grundsteinlegung.

St. Michael zu den Wengen

Die Kirche St. Michael hat in Ulm eine lange Geschichte. Im Jahr 1183 wurde auf dem Michelsberg das Augustinerchorherrenstift und die damit verbundene Kirche St. Michael gegründet. Etwa 20 Jahre später wurden Stift und Kirche auf dem Berg aufgegeben und auf den Blauinseln neu gebaut. Doch infolge der Auseinandersetzungen zwischen Schwäbischem Städtebund und kaiserlicher Macht wurden Stift und Kirche 1377 abgebrochen und den Chorherren ein Provisorium innerhalb der Stadt zugewiesen. Erst 1399 konnten sie im Herzen der Stadt den Grundstein für ein neues Stift mit neuer Kirche legen. Nur wenige Relikte dieser Kirche und der ehemaligen Stiftsgebäude haben die Bombardierung Ulms vom 17. Dezember 1944 überstanden.

(Msgr. Josef Kaupp, „St. Michael zu den Wengen. Kirche in der Mitte der Stadt")

Der alte Stiftschor
der katholischen Pfarrkirche
St. Michael zu den Wengen,
mit rekonstruiertem gotischen
Netzgewölbe und spätgotischer
Kreuzigungsgruppe

Treppenturm des einstigen Wengenstiftes, Mitte des 15. Jh.

Nahe am Himmel
Wengenkirche und Münster

Dreifaltigkeitskirche

davor ein Röhrenkasten*,
Peterskasten oder Petrusbrunnen genannt

Die Dreifaltigkeitskirche ist eine Gründung der Dominikaner in Ulm. Im Zweiten Weltkrieg weitgehend zerstört, wird das wiederaufgebaute Gebäude als Haus der Begegnung der Evangelischen Gesamtkirchengemeinde Ulm genutzt.

Saalschiff und Turm 1617 als ev. Stadtkirche neu erbaut anstelle der vormaligen Predigerklosterkirche von 1284/1321, deren Chor unverändert übernommen wurde. Dem Kloster gehörten der Mystiker Heinrich Suso und der Chronist Felix Fabri an. Nach Zerstörung 1944, Ausbau „Haus der Begegnung" 1982.

(Infotafel / Stadt Ulm)

Sicher ist sicher
Schlüssel verlegt? Keine Sorge, Petrus hat noch einen Reserveschlüssel (wofür, ja wofür?) in der Hand.

* Da die Behälter (Kästen) aus den Leitungsrohren mit fließendem Wasser gespeist wurden, wurden sie von der Bevölkerung Röhrenkasten genannt. Ab 1873 sorgte die zentrale Wasserversorgung der Stadt dafür, dass in jedes Haus fließendes Wasser geliefert wurde.

Der Petrusbrunnen vor der Dreifaltigkeitskirche wurde bereits 1540 in einem Rathausprotokoll erwähnt. Einer der Syrlins – Vater oder Sohn aus dem berühmten Schreinergeschlecht im 15. Jh. – entwarf ihn.

Spitzbogenpforte mit gotischem Maßwerk; Nikolauskapelle

Ensemble

Grüner Hof

Der Grüne Hof, der im Zuge der staufischen Stadterweiterungen um 1165 in die befestigte Stadt einbezogen wurde, gehört zu den ältesten Siedlungsbereichen der Stadt. Zu diesem Ensemble zählen auch das Steinhaus und die anschließende Nikolauskapelle, die kurz nach 1200 erbaut wurden.

Die Nikolauskapelle (links im Bild), 1222 erstmals urkundlich erwähnt, ist das älteste erhalten gebliebene Gebäude Ulms

Der sogenannte Reichenauer Hof

war bis ins 13. Jh. eine Niederlassung des Klosters Reichenau. 1370 errichtete der damalige Ulmer Bürgermeister und „Münstergründer" Lutz Krafft (siehe Gründungsrelief/Ulmer Münster) das Patrizierhaus; zu den späteren Besitzern zählte der Ratsherr Ulrich Ehinger. Zwischen 1543–52 nimmt Karl V., Kaiser des Heiligen Römischen Reiches deutscher Nation, mehrfach Quartier im Reichenauer Hof (heute Staatliches Hochbauamt Ulm, Grüner Hof).

Westteil des Reichenauer Hofs; Frauenstraße, Herdbrücke

Minnesängersaal

Den Festsaal ließ Ludwig Krafft um 1370 mit farbigen Fresken schmücken – es ist dies die älteste erhaltene gotische Malerei in Ulm und gleichzeitig ein bedeutendes Beispiel weltlicher Wandmalerei des Spätmittelalters. Die im Fensterbereich dargestellten Spielleute mit Laute, Violine, Pauke und Monochord gaben dem Raum seinen Namen: **„Minnesängersaal"**. Die zauberhaften Bilder und die Texte der Spruchbänder, die in einmaliger Weise auf das Sujet eingestimmt sind, ergeben einen lebendigen Bericht höfischen Lebens im Mittelalter.

„Lieb is ain wildiu hab –
Die Liebe ist ein unsicherer Besitz."
Der neben dem Minnesänger sitzende Hund kann als Symbol der Treue gedeutet werden.

„Hüt lib moren schbab –
Heute lieb, morgen schiebst Du mich ab" –
antwortet ihm die Angebetete. Der Affe, von ihr an der Kette gehalten, gilt im Mittelalter als Symbol der Unkeuschheit.

Fresken im Deckengewölbe

Der Reichsadler unterstreicht die direkte Unterstellung der freien Reichsstadt Ulm unter den Kaiser, die Löwen repräsentieren die Verbindung des Hauses zu den Königtümern Luxemburg und Böhmen.

Der Furttenbachgarten

am Grünen Hof;
im Hintergrund die Deifaltigkeitskirche

Garten an Furttenbachs Haus in Ulm:
„Auffzug des Gärttlins", Blatt 8a
aus: Josef Furttenbach:
Architectura privata, Augsburg 1641

(Infotafel / Stadt Ulm)

Josef Furttenbach d. Ä. (1591–1667) wurde in Leutkirch im Allgäu geboren. Seine Studienjahre verbrachte er in Italien, bevor er 1621 in ein Ulmer Handelshaus eintrat. Von 1631 bis zu seinem Tode bekleidete er das Amt des Ulmer Stadtbaumeisters. Berühmt wurde er durch seine Architekturtraktate, die auch Gartenentwürfe für Bürger und Adel enthalten. Sein eigener Garten, der am Furttenbach'schen Wohnhaus in der Sterngasse gelegen war, diente als Vorbild für den ihm gewidmeten „Furttenbachgarten am Grünen Hof".

(Infotafel / Stadt Ulm)

Älteste Bürgerhäuser von Ulm
Herdbruckerstraße 13 (links) erbaut 1359 saniert 1987; Herdbruckerstraße 15 (rechts) erbaut 1363

Brotmuseum

Eingangsportal; ehemaliger Salzstadel der Stadt

Teichmannbrunnen

Im Jahre 1911 stiftete Rechtsanwalt Karl Teichmann den heute als Teichmannbrunnen bekannten Brunnen, der mit zahlreichen lokalen Motiven geschmückt ist. Zu sehen sind unter anderem Albrecht Ludwig Berblinger („Schneider von Ulm"), der „Kuhhirt" und der „Spatzameez" sowie Figuren des Ulmer „Schälesspiels". Das Brunnenbecken wurde im Zweiten Weltkrieg zerstört und erst 1960 neu geschaffen. Heute steht der Brunnen vor der Sparkasse / Neue Mitte.

Das private Deutsche Brotmuseum wurde 1955 als erste Institution dieser Art von Willy und Herrmann Eiselen gegründet und ist seit 1991 im historischen Ulmer Salzstadel (Renaissance, 1592) beheimatet. Vollständig der 6000-jährigen Geschichte des Brotes gewidmet, dokumentiert das Museum diese in all ihren Facetten: den natur- und technikgeschichtlichen Aspekten ebenso wie den kultur- und sozialhistorischen.

Hauszeichen eines Bäckers, 1540, Marmor; Brotmuseum

Ulmer Wochenmarkt

Folgende Anekdote sei hier erwähnt:

Weit über sechzig Jahre war Frau W. auf dem Ulmer Wochenmarkt, karrte ihre Ware Woche für Woche, Mittwoch und Samstag, auf dem Wagen zum Münsterplatz. Selbst klirrende Kälte konnte ihr nichts anhaben. „Do ziag i halt drei Hosa a" meinte sie. Eine Käuferin betrachtete die ausgestellten Äpfel und fragte „Sind die Äpfel süß oder sauer?" Darauf bekam sie von Frau W. die Antwort „Meine Äpfel sind guat!"

Ich habe keine Stadt gesehen, in der sich die Menschen im allgemeinen so gern aufhalten wie in Ulm, Arme wie Reiche; hier bekommt man alles, was zum menschlichen Leben gehört, für wenig Geld. An den Samstagen findet der Wochenmarkt statt, und so groß ist das Durcheinander der Käufer und Verkäufer auf den Plätzen, wie wenn es Jahrmärkte wären.

(Felix Fabri, Traktat über die Stadt Ulm, 1488/89)

In den Wappen über den verschiedenen Portalen ist die Bauzeit des Gebäudes abzulesen

Gar nicht neu:

Der Neue Bau

kolossal und repräsentativ, heute Sitz der Polizeidirektion Ulm

Das städtische Magazin für Korn, Salz und Wein wurde 1585–93 erbaut. Hier tagte der Rat, wenn das Rathaus durch Sitzungen des Schwäbischen Reichskreises belegt war. Zuvor war hier der „Königshof" der Patrizier-Familie Ströhlin gewesen, wo bis 1473 dem Kaiser gehuldigt wurde.

Hildegardbrunnen

Im vieleckigen, mit Sgraffito-Putz verzierten Innenhof des Neuen Baus befindet sich der 1591 von Claus Bauhofer geschaffene Hildegardbrunnen. Die Brunnensäule mit Statue der Hildegard, der Frau Karls des Großen und dem alemannischen Herzogshaus entstammend, erinnert an die frühere angebliche Nutzung des Gebäudes als Königs- oder Kaiserhof. Links in der Südwestecke der markante achteckige Treppenturm mit Welscher Haube, in welchem eine Wendeltreppe die Geschosse verbindet.

DER NEUE BAU

*wurde in den Jahren 1585 – 1592 von der Stadt Ulm durch den Mann MATTH. GAISSER, die Steinmetzen CLAUS BAUHOFER und PETER SCHMID und den Zimmermann HANS ADAM errichtet als Speicher für Getreide, Salz und Wein. Vordem stund hier der Hof der Patrizierfamilie STRÖHLIN, in welchem der deutsche König seine Herberge hatte und hier bis zum Jahre 1473 die Huldigung der Bürgerschaft entgegennahm. ANNO 1810 gelangte das Gebäude in den Besitz des württembergischen Staates und wurde Sitz des Kameralamts und des Haupt-Zollamts.
Am 19. Februar 1924 brannte der ganze Bau innerhalb weniger Stunden fast ganz aus und wurde in den Jahren 1924 – 1927 neu ausgebaut.*

(Marmortafel im Innenhof)

238 Moderne Fensterfassade der Ulmer Sparkasse und Renaissanceportal der Polizeidirektion Ulm / Neuer Bau; Neue Straße

Denkmal zu Ehren von Albert Einstein, an der Stelle seines Geburtshauses errichtet. Entworfen 1982 von Max Bill; Bahnhofstraße / heute Hirschstraße

Die Stadt der Geburt hängt dem Leben als etwas Einzigartiges an wie die Herkunft von der leiblichen Mutter. Auch der Geburtsstadt verdanken wir einen Teil unseres Wesens. So gedenke ich Ulms in Dankbarkeit, da es edle künstlerische Tradition mit schlichter und gesunder Wesensart verbindet.

(Albert Einstein, 18. März 1929)

Xinedome-Komplex (2003), Ulms Kinozentrum

Eine Stadt spiegelt sich selbst

Seit der Erfindung
des „glass curtain wall",
der gläsernen Fassade,
stehen viele Verwaltungsgebäude,
Parkhäuser, Warenhäuser
wie riesige runde oder rechteckige
Reflektoren in Stadtlandschaften,
reflektieren Handel und Wandel
– und immer wieder sich selbst.

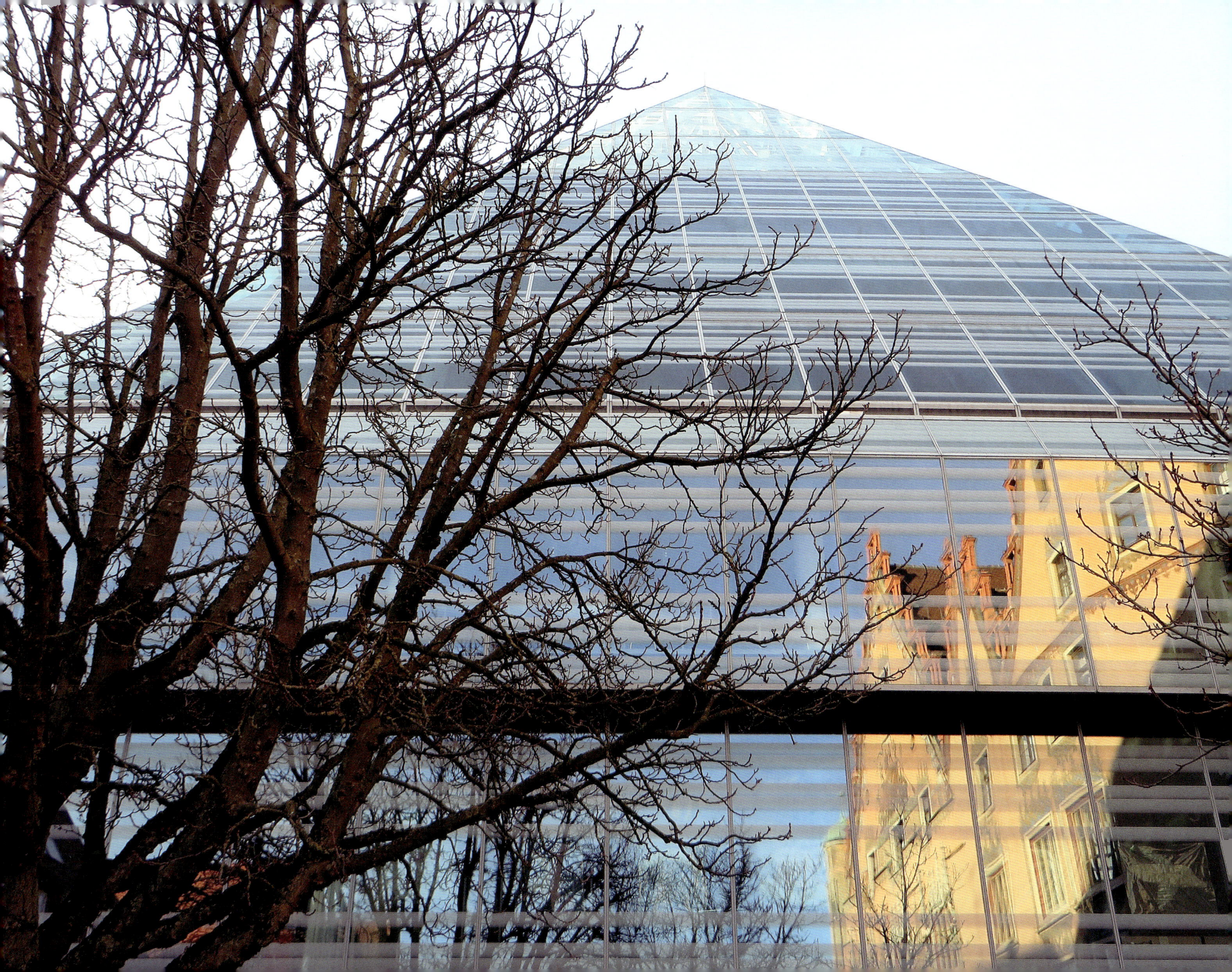

Zum Schauen, zum Greifen: Ware, Ware, Ware!

Die Hirschstraße* – Ulms Shopping Mall, Grand Canyon des Commerz

Wer nicht gerade surfen, chatten, instagrammen, Newsfeeds verfolgen, skypen, telefonieren, simsen, Videos konsumieren, Musik hören oder auf seinen E-Reader schauen will, landet in der Hirschstraße im Hier und Jetzt und erfährt dabei:

Das Leben ist konkret.

* Der Name ist abgeleitet von einer Sage, nach der einst ein Hirsch unweit dieser Gasse eine Heilquelle entdeckt haben soll.

„...denn noch nie wars,
dass es nicht irgendwie war."

*Wenns auch war,
wies halt war,
irgendwie wars;
denn noch nie wars,
dass es nicht irgendwie war,*

sagte der berühmte
Kneipenphilosoph, der
brave Soldat Schwejk
in Hasêks Buch.

So mancher besitzt
auch heute diese
Lebensauffassung ...

(Hirschstraße)

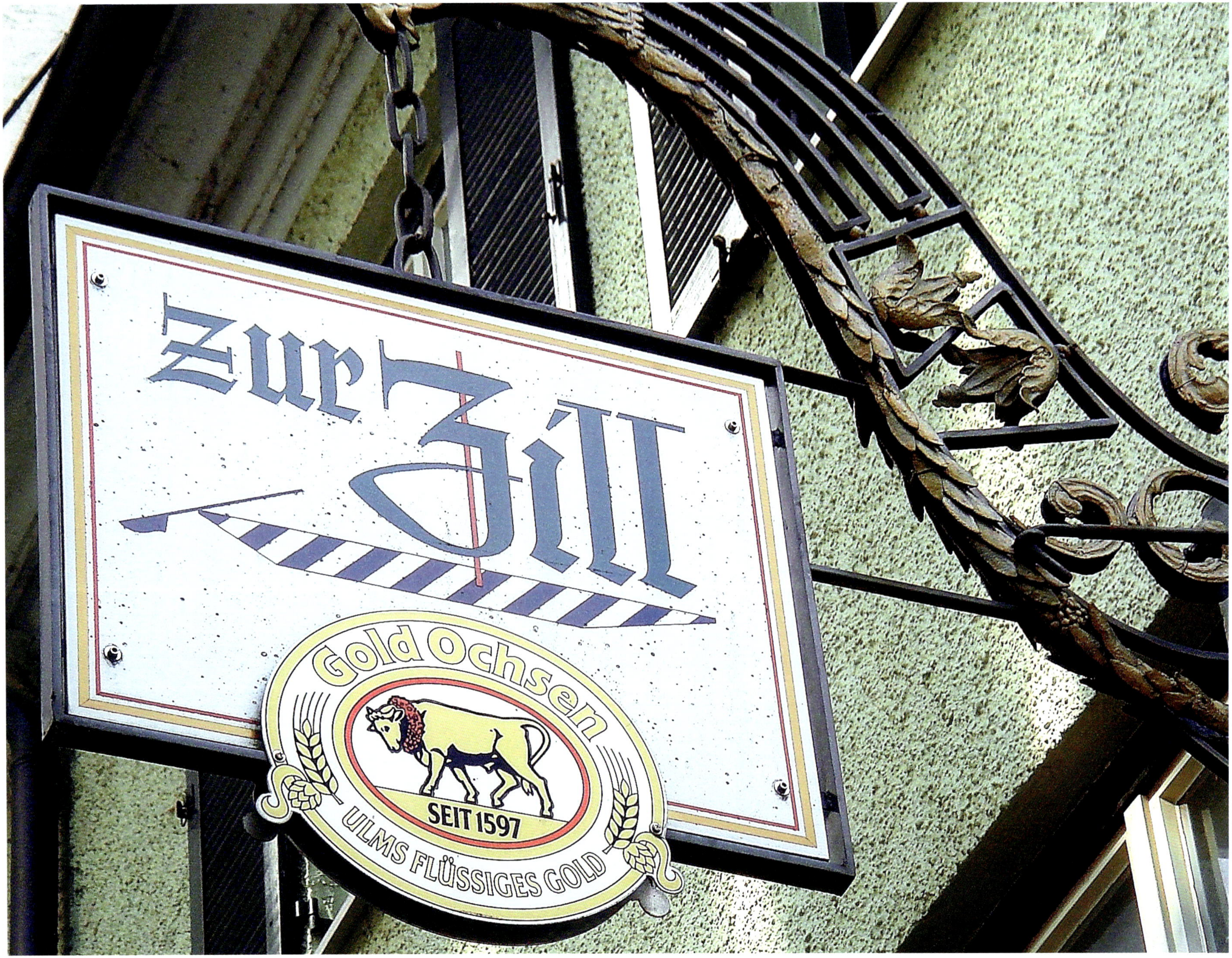
zur Zill
Gold Ochsen
SEIT 1597
ULMS FLÜSSIGES GOLD

◀ **Zeit für eine Rast**

Das traditionsreiche Lokal „Zur Zill" ladet zum Verweilen ein. Wer wird da ein kühles, leckeres Gold Ochsen Bier verschmähen…?

Ulms flüssiges Gold

Die **Brauerei Gold Ochsen GmbH**, gegründet 1597, ist eines der ältesten Unternehmen der Stadt. Ulrike Freund, seit 1991 Geschäftsführerin der Brauerei, trägt hochengagiert Verantwortung für die Firma und garantiert mit Ideenreichtum und Zukunftsblick den nicht nur regionalen sondern auch landesweiten Erfolg von Ulms flüssigem Gold.

Theater Ulm

Spannungsfeld geistiger und künstlerischer Auseinandersetzungen

Im Jahre 1969 wurde dem ältesten Stadttheater Deutschlands (gegründet 1641) in Ulm am Herbert-von-Karajan-Platz eine neue Heimstatt geschaffen: das Theater Ulm, ein Dreispartenhaus (Musiktheater, Schauspiel und Ballett), dem auch das Philharmonische Orchester der Stadt angegliedert ist. (Olgastraße)

Klare Formsprache: Das Polygon des Theaters, ein von Architekt Fritz Schäfer gestalteter Baukörper voller Struktur und Spannung

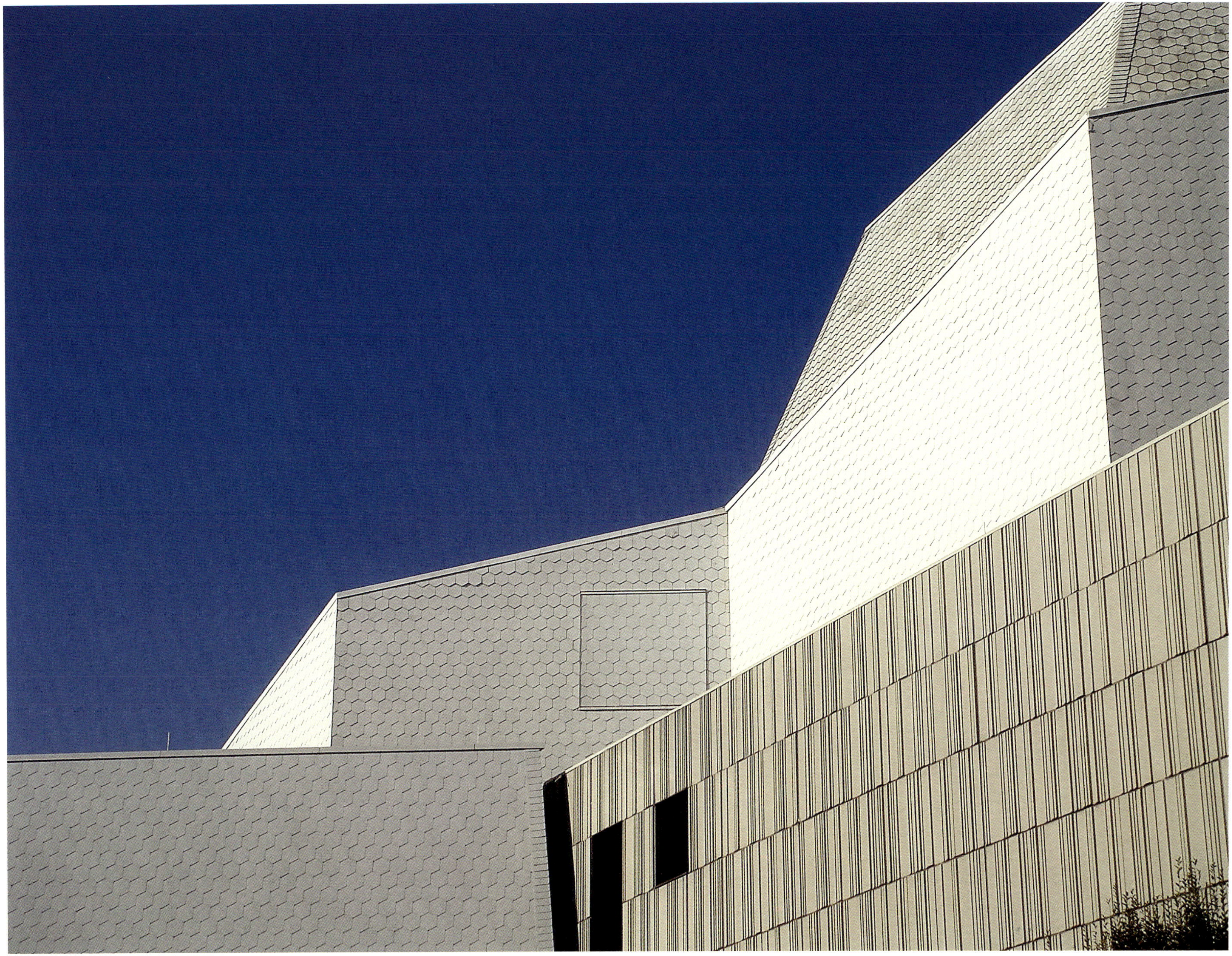

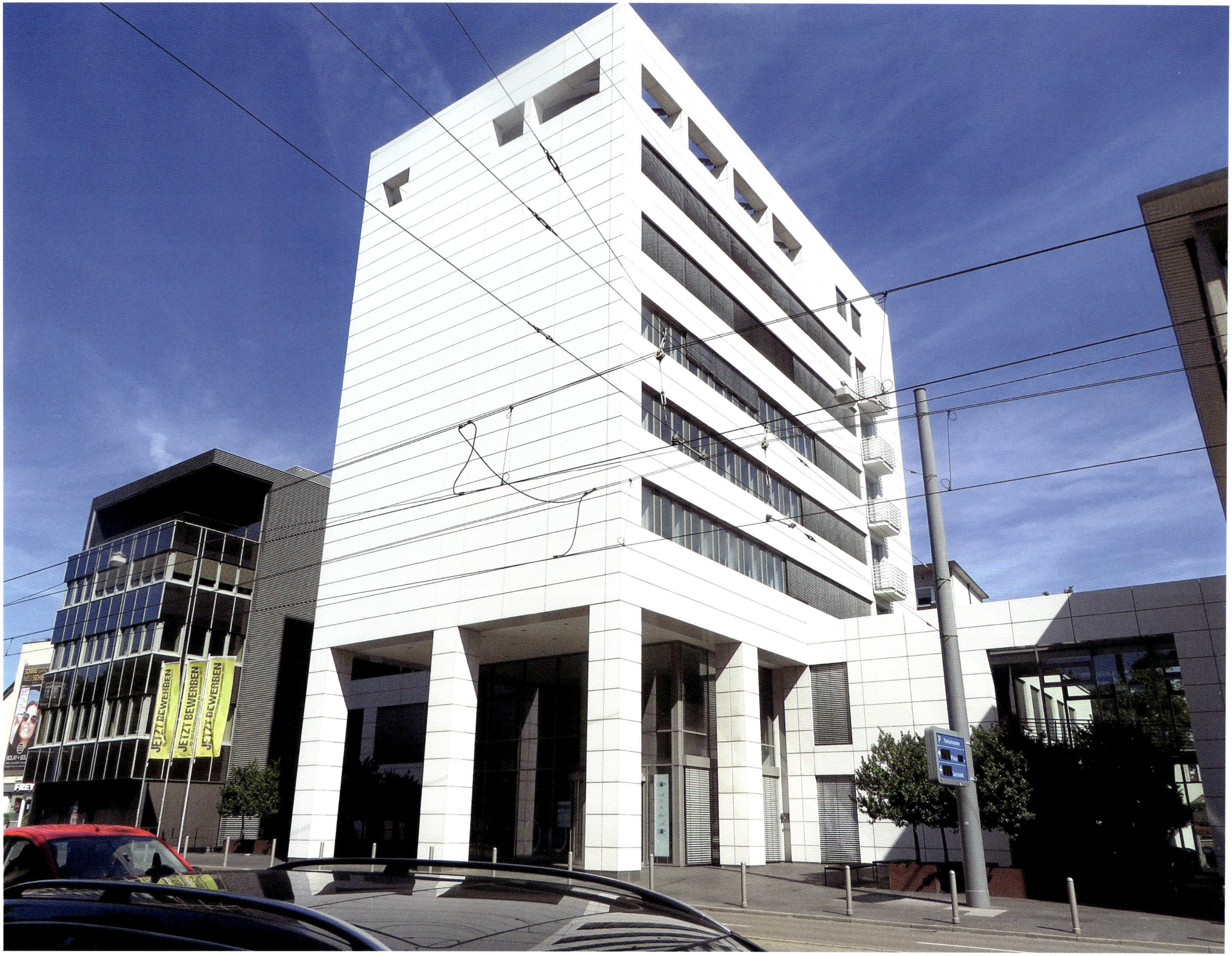
JETZT BEWERBEN
JETZT BEWERBEN
JETZT BEWERBEN
FREY

Die Industrie- und Handelskammer Ulm

Am Puls der Zeit, mitten in Ulm und mitten in der Gesellschaft verortet

Die IHK Ulm setzt sich nicht nur für die Wirtschaft in unserer Region ein, sondern übernimmt auch Verantwortung für die berufliche Bildung der Jugend und sorgt dafür, dass qualifizierte junge Menschen und Unternehmen zusammenfinden.

Die Bundesfestung

welche Ulm einst mit einem ca. 9 Kilometer langen Festungsgürtel und 41 Festungswerken umgab

Geplant und erbaut wurde die Festung als zentraler Waffenplatz des Deutschen Bundes von 1842 bis 1859 unter dem Festungsbaudirektor und damaligen Oberst Moritz Karl Ernst von Prittwitz – sie zählt heute zu Europas größten Festungsanlagen. Ihre Aufgabe war die Verteidigung gegen Frankreich, das von 1792 und 1815 mehrere Kriege in Europa führte. Wäre Frankreich gelungen, an den vier grenznahen Bundesfestungen Landau, Rastatt, Mainz und Luxemburg vorbeizukommen, so wäre in Ulm noch ein Rückzugsort gewesen, von dem aus weitere Verteidigung möglich gewesen wäre. Allerdings kam es nie soweit.

Die Wilhelmsburg

Die von 1842 bis 1849 errichtete Wilhelmsburg und die ihr vorgelagerte Wilhelmsfeste bildeten die Zitadelle der Bundesfestung. Die nach dem württembergischen König Wilhelm I. benannte Defensivkaserne war gegen Ende des Zweiten Weltkriegs Standort des Röhrenwerks von Telefunken und wurde bis Anfang der 1960er Jahre als Notunterkunft und Flüchtlingslager genutzt.

(Infotafel / Stadt Ulm)

Untere Gaisenbergbastion

Auf dem Gaisenberg befanden sich mit der Unteren und der Oberen Gaisenbergbastion zwei durch die Courtine XX verbundene Kernwerke. Das Reduit der von 1843 bis 1858 errichteten Unteren Gaisenbergbastion musste Anfang der 1960er Jahre dem Neubau der damaligen Ingenieurschule – der heutigen Hochschule Ulm – weichen. In der Doppelcaponniere befinden sich heute Studentencafé und Club 15.

(Infotafel / Stadt Ulm)

Unterer Donauturm und die Untere Stadtkehle

Der von 1845 bis 1855 errichtete Untere Donauturm bildete den östlichen Anschluß der Hauptumwallung an das Donauufer. Bereits seit der Zeit nach dem Ersten Weltkrieg wird er von Jugendgruppen genutzt. Die im gleichen Zeitraum erbaute Festungsmauer der Unteren Stadtkehle führte stadteinwärts am Ufer entlang.

(Infotafel / Stadt Ulm)

Oberer Donauturm, ebenfalls Teil der Bundesfestung Ulm, die als zentraler Waffenplatz des Deutschen Bundes in Süddeutschland erbaut wurde. Links im Bild (angeschnitten) die Hochschule für Kommunikation und Gestaltung.

Courtine
mit dem Ehinger Tor

Obere Donaubastion

Die 1843 bis 1855 erbaute Obere Donaubastion war ein mächtiges, ringsum verteidigungsfähiges Kernwerk der oberen Stadtfront. Das Innengelände der Oberen Donaubastion ist heutzutage Standort vielfältiger Stadtkultur.

(Infotafel / Stadt Ulm)

Donauschwäbisches Zentralmuseum
davor eine Ulmer Zille

Das in einem Teil der Oberen Donaubastion untergebrachte Museum dokumentiert in wechselnden Ausstellungen Geschichte, Kultur und Schicksal der sogenannten Donauschwaben, die im 18. Jahrhundert nach Südosteuropa auswanderten und deren Nachfahren nach dem Zweiten Weltkrieg als Heimatvertriebene zurückkehrten. Die Zille wurde ursprünglich im Württembergischen, wo man elegantere Schiffe gewohnt war, als *Ulmer Schachtel* verspottet, da sie einfach konstruiert war. Doch diese bis zu 30 Meter langen Boote, die zum Schutz von Passagieren und wertvoller Ladung mit einem kleinen Hausaufbau (einer größeren Holzhütte) auf dem Deck versehen waren, trieben mit Stangen bzw. Ruderblättern gelenkt zweckmäßig auf der Donau flussabwärts. Da sie regelmäßig nach einem Fahrplan verkehrten, wurden sie auch „Ordinarischiffe" genannt. Gleichzeitig ist dieses kleine Schiff zum Wahrzeichen für die Auswanderung der deutschen Siedler nach Südosteuropa geworden.

Ulmer Roxy

Die ehemalige Magirus Fabrikhallen auf dem Gelände der Oberen Donaubastion wurden 1989 in ein alternatives Kulturzentrum umgewandelt und beleben seither die Kulturszene der Stadt.

Fassaden, Illusionen: Graffiti – Malerei aus der Farbspraydose; Roxy

hfg ulm

Hochschule für Gestaltung
Ulm 1953 – 1968
Architekt: Max Bill

Die Hochschule für Gestaltung Ulm ist international als eine der wichtigsten Ausbildungsstätten für Gestaltung bekannt. Die Gebäude – Lehrräume, Studentenwohnungen und Dozentenwohnungen – wurden als Campus angeordnet. Mit dem Ulmer Modell wurde Pionierarbeit im Bereich der Gestaltung geleistet.

Studierende aus aller Welt besuchten hier die Abteilungen Produktgestaltung, Visuelle Kommunikation, Film, Information und Industrialisiertes Bauen. Heute Sitz der Stiftung Hochschule für Gestaltung HfG Ulm und des Internationalen Forums für Gestaltung IFG Ulm GmbH, Förderer von Projekten in Forschung, Wissenschaft und Praxis über die gesellschaftliche Verantwortung von Gestaltung, Design und ihrer Gestalter.

(Träger: Stiftung Hochschule für Gestaltung Ulm, vormals Geschwister-Scholl-Stiftung)

(Infotafel / Stadt Ulm)

Am Hochsträß 8

Auf dem Oberen Kuhberg mitten in der Natur passt sich das Gebäude der Hochschule für Gestaltung seiner Umgebung auf harmonische Weise an.

Die HfG Ulm war von 1953 bis 1968 die geistige Nachfolgerin des Bauhauses. Max Bill, Architekt des Gebäudes und Mitbegründer der HfG, war selbst einst Bauhaus-Schüler. Zusammen mit Hans Gugelot und Paul Hildinger entwarf er den berühmten „Ulmer Hocker". Das Ulmer Museum bewahrt und präsentiert verschiedene Ausführungen des Hockers und bietet auch Neuherstellungen an.

Universitätsklinikum; Oberer Eselsberg

Universität Ulm

– geistiges Zentrum der Wissenschaftsstadt Ulm

Kunst und Wissenschaft eng beieinander: Der Kunstpfad; Universität Ulm

Großzügig angelegt, weist der aus Initiative der Ulmer Kunststiftung und der Universität Ulm angelegte ca. 1,5 km lange Kunstpfad 60 moderne Kunstobjekte aus; Areal Oberer Eselsberg.

Drei Bildsäulen von Max Bill (1977) vor dem Südeingang der Universität

Die vielstimmige, bunte Farbensymphonie der Säulen schickt ihre fröhliche Botschaft über die Kuppe des bewaldeten Eselsbergs. Das Echo ist ihr sicher.

Der Dichter und seine Muse
von Niki de Saint Phalle (1976/78)
auf dem Areal der Universität Ulm
ist Bestandteil des Kunstpfades.

Wer vom zarten Musenkuss spricht, irrt
– gar mancher Poet trägt seine Muse
schwer auf den Schultern…

Breitwand-Tableau
Spiegelungen auf dem Uni-Gelände

Exotische Pflanzen in einem **Gewächshaus** des Botanischen Gartens; Universität Ulm

Ulmer Herbarium von 1594

Hieronymus Harder (ca. 1523 – 1607), seit 1578 Lehrer an der Ulmer Lateinschule, legte mehrere umfangreiche Herbarien an. Dieses Herbarium mit 746 eingeklebten Pflanzen aus dem Jahr 1594 enthält Blütenpflanzen, Farne und Schachtelhalme, Kulturpflanzen aus Feld und Garten und sogar erst im 16. Jahrhundert aus Amerika eingeführte Arten wie Tomaten oder Tabak.

(Aus der Ausstellung „Schätze der Stadtgeschichte – 500 Jahre Archiv der Stadt Ulm", 2015)

Die Friedrichsau

– ein Freiraum für die Kunst

Eigenwillig und marktresistent:
Die Plastik **Ulmer Knie**
von Franz Bernhard, 1980; Dianawiese

Wer eine schelmische Sicht auf Kunst und Leben hat, kommt nicht umhin, an folgende Verse zu denken:

Ein Knie geht einsam durch die Welt.
Es ist ein Knie, sonst nichts!
Es ist kein Baum! Es ist kein Zelt!
Es ist ein Knie, sonst nichts.

(Christian Morgenstern, „Das Knie")

Plastik von Erich Hauser;
Dianawiese

Sinn und Zweck
einer Skulptur ist,
sie selbst zu sein.

Die Ruhe in den Au-Gärten

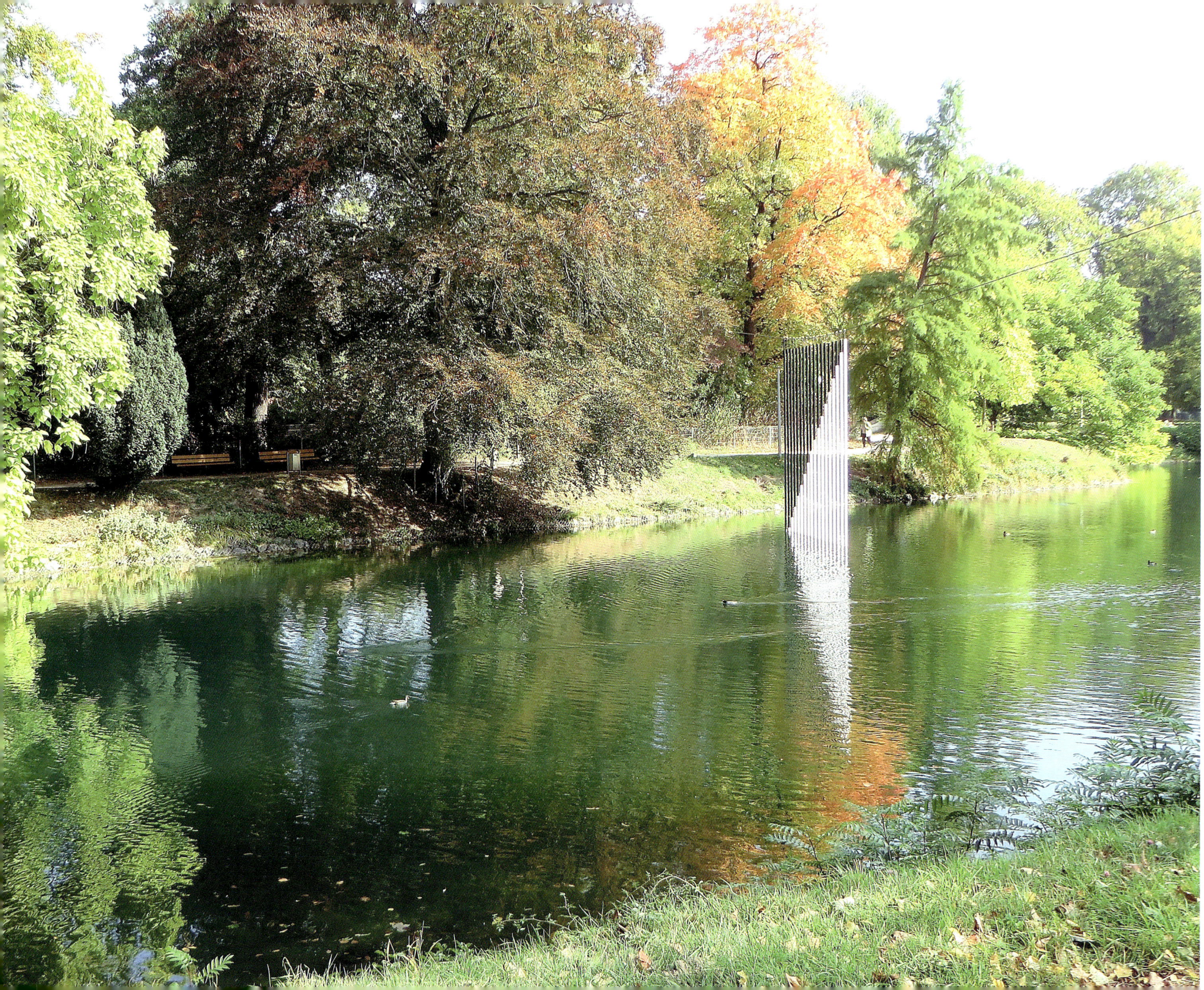

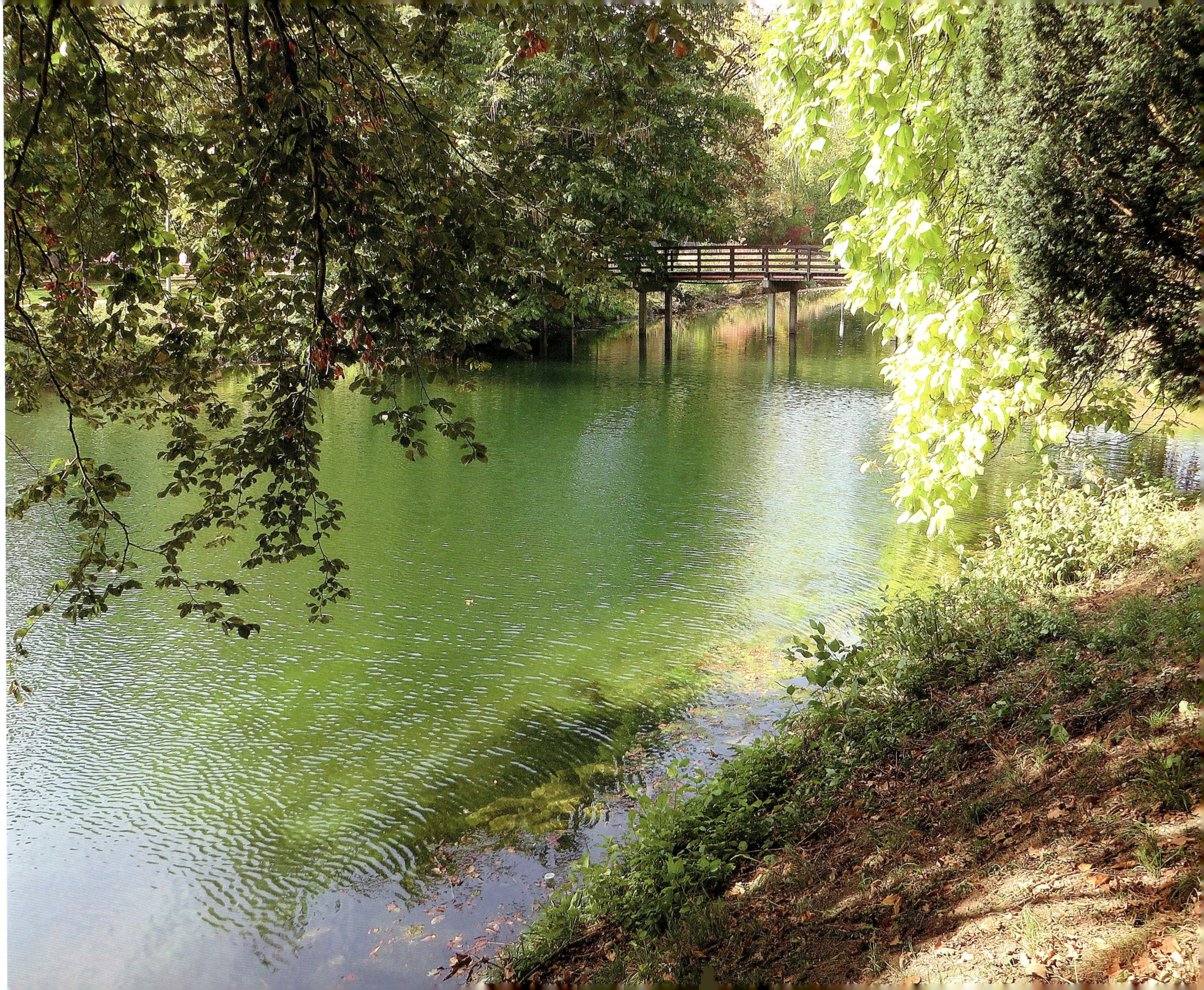

Unterer Au-See und Hotel und Restaurant Lago, an welches sich Donauhalle und Ausstellungsgelände anschließen

Schwäne, um die sich seit jeher Legenden, Märchen und Musik rankten, haben bis heute nichts an Faszination verloren.

Tiergarten in der Friedrichsau
„Porträts"

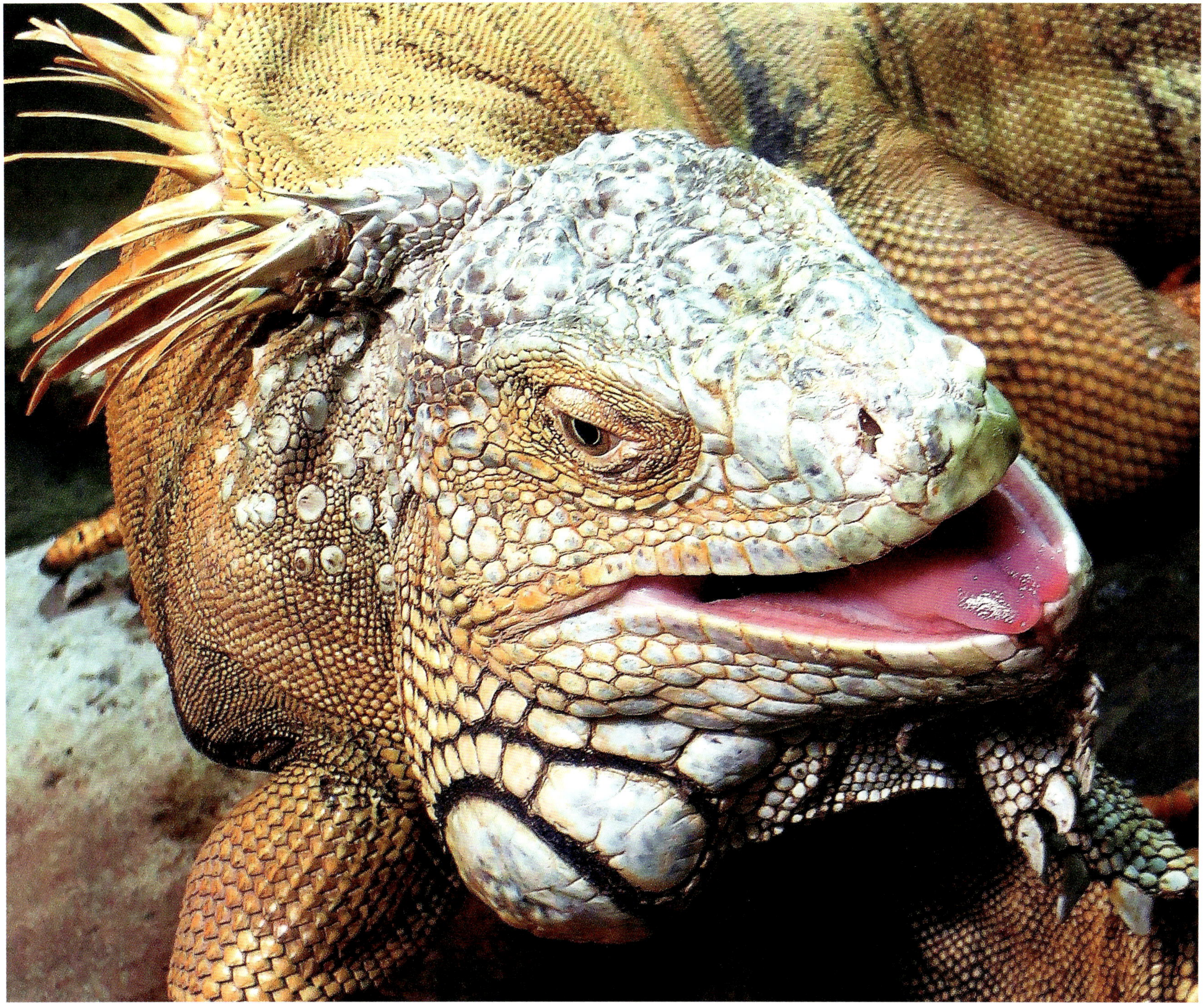

Hauptfriedhof der Stadt

(Stuttgarter Straße)

Das sind wunderbare Augenblicke,
in denen man begreift, dass dort,
jenseits der Zeitmauer, jemand ist,
der zu einem spricht.

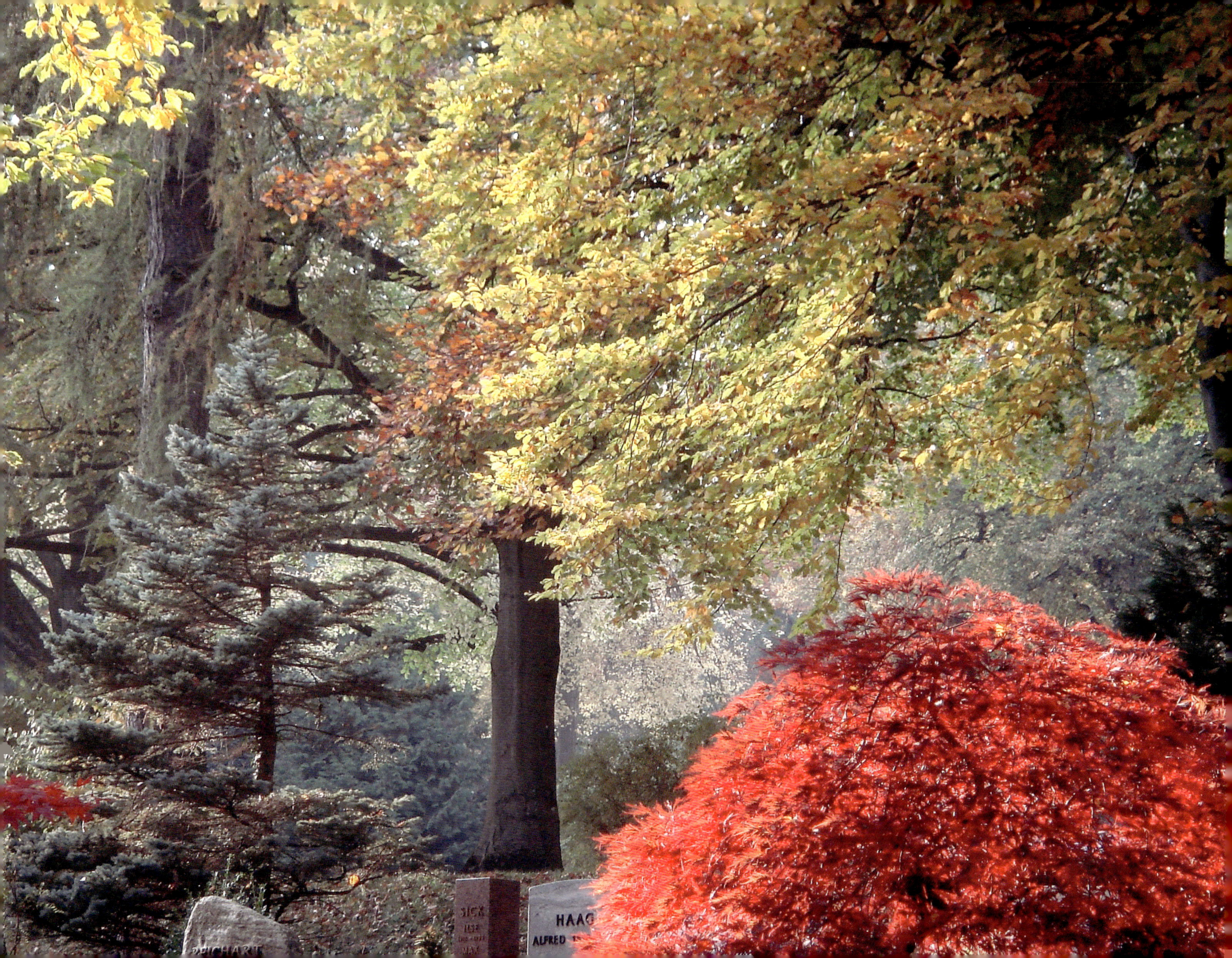
HAAG
ALFRED

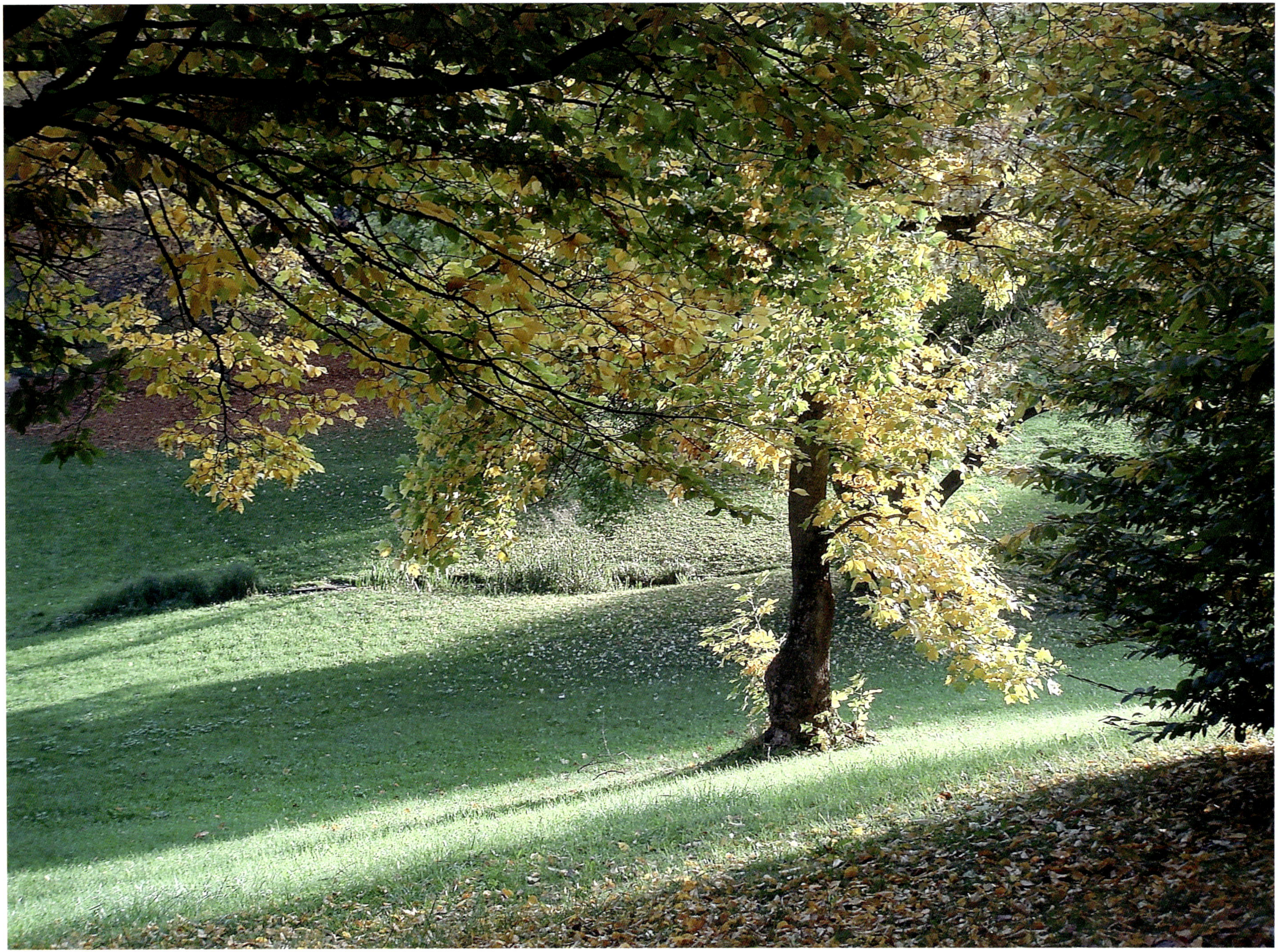

Der Lichteinfall wird durch das Laub gefiltert, Baumsäulen gliedern den Raum. Chronos, der die Zeit misst, ist stiller Gast in diesem vergänglichen Grün.

Farben, herbstbunt (doch keinesfalls laut), Licht aus der verhaltenen Luft. Man müsste solche Träume haben. (Hauptfriedhof)

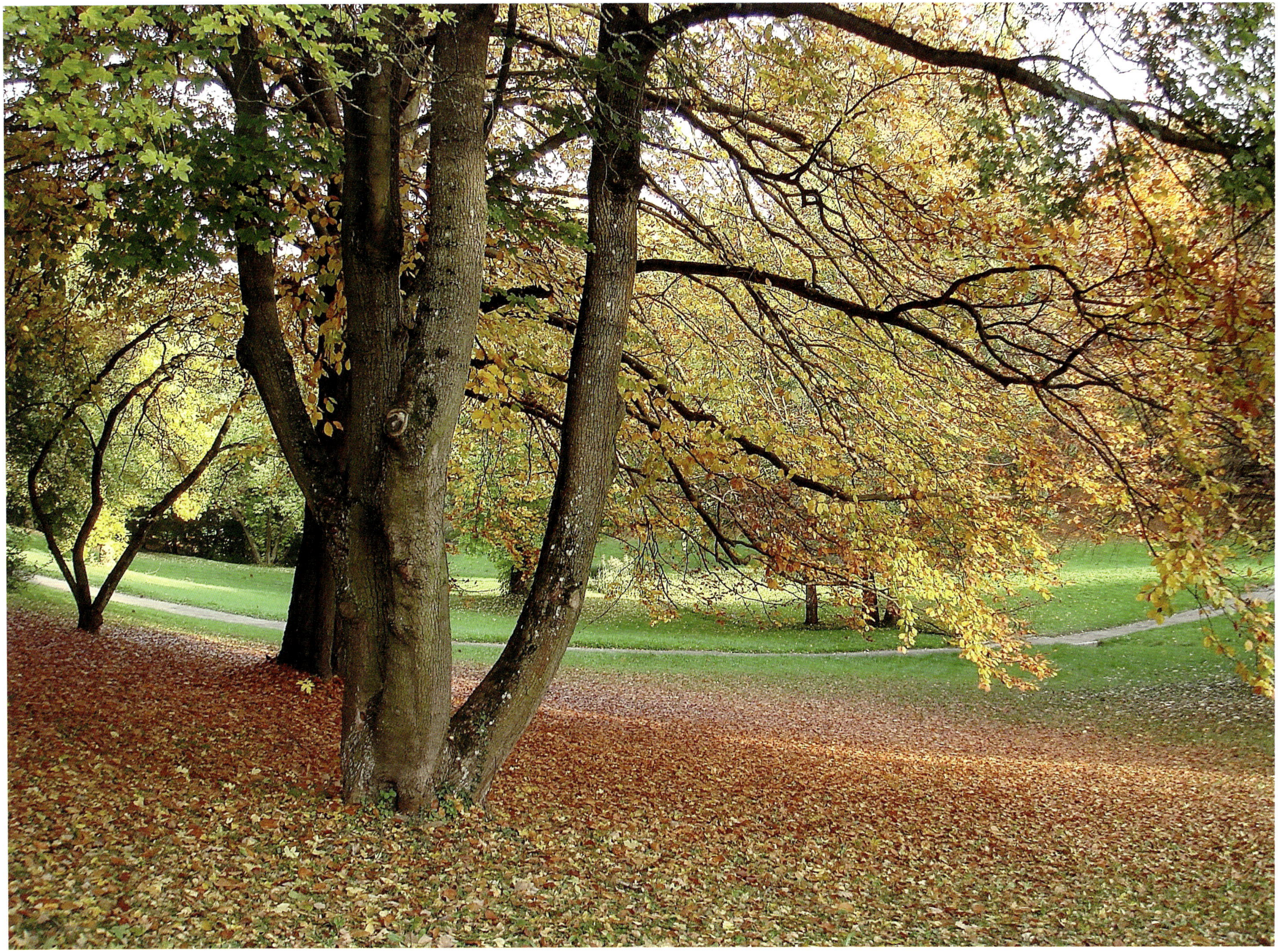

Abends, wenn der Tag der Dämmerung weicht, treten wir nicht ein in die gängigen Klischees der Donauromantik, sondern wenden uns der realen Szenerie zu, die Zeugnis ist von der Magie der Stadt und einem uralten Kulturboden, der bei allem Wandel Bleibendes und Beständiges schenkt.

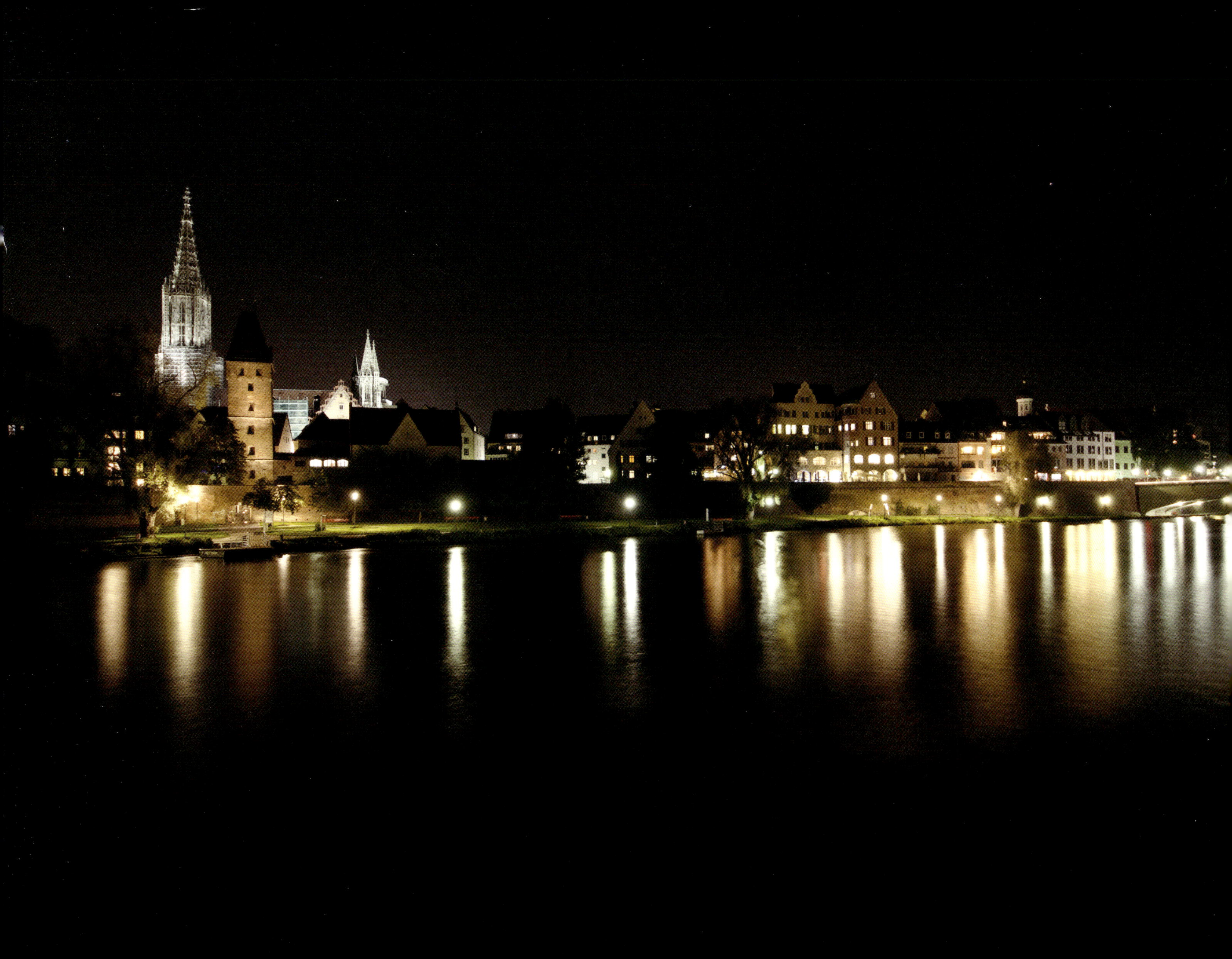

Die nächtliche Silhouette Ulms ist keine tote Kulisse, sondern Symbol für die traditionsbewusste Atmosphäre einer Stadt, die dir nicht stürmisch um den Hals fällt, aber dir die Hand reicht mit dem freundlichen Gruß **„WILLKOMMEN!"**

Meinem Sohn gewidmet, der hier Heimat fand.

Quellen- und Literaturauswahl

Wilhelm A. Bauer / Otto Erich Deutsch (bearb.): Mozart. Briefe und Aufzeichnungen, Bd.1, 1755-1776. Kassel-Basel-New York 1962

Julius Baum: Der Wert alter Stadtbilder. In: Das Ulmer Stadtbild 1493-1850 (Ulmer Schriften zur Kunstgeschichte. Bd.1.) Ulm 1924

Konrad Dieterich Haßler (Bearb. u. Übers.): Bruder Felix Fabris Abhandlungen von der Stadt Ulm. In: Ulm und Überschwaben. 1908 / 09

Uwe Heinloth: Auf den Spuren von Jugendstil und Historismus in Ulm. Ulm 2010

Hermann Hesse: Bäume. Insel Taschenbuch 1984

Henning Petershagen: Ulm. Der Stadtführer. Ulm (2. Aufl.) 1994

Henning Petershagen: Ulms lebendige Wasser: Brunnengeschichten aus sieben Jahrhunderten (Kleine Reihe des Stadtarchivs Ulm. H.1). Ulm 2003

Hellmut Pflüger: Plätze der Ulmer Altstadt. Ulm 1994

Hellmut Pflüger: Ulm. Das Stadtbild. Bd.1 u. 2. Weißenhorn 1964 u. 1982

Ottmar Schäuffelen: Die Bundesfestung Ulm. Langenau-Ulm 1982

Elmar Schmitt: Das Ulmer Münster in Vergangenheit und Gegenwart. Weißenhorn 1989

Gerhard Spahr (Hrsg.): Johann Nepomuk Hauntinger. Reise durch Schwaben und Bayern im Jahre 1784. Weißenhorn 1964

Alfredo Tradigo: Ikonen. Meisterwerke der Ortskirche. Bd. 9. Berlin 2005

Ulm. Ein Lesebuch. Husum 1990

Ulmer Museum (Hrsg.): Das alte Ulm, Grafik-Zeichnungen-Modelle. Ulm 2006

Eberhard Neubronner: 79 Ulm, Kurioses kreuz und quer. Langenau-Ulm 1987

Alois Wiehl: Heimatperlen aus Geschichte und Sage Oberschwabens und den angrenzenden Gebieten. Ulm 1930

Ilse Hehn

Schriftstellerin und Künstlerin, geboren in Rumänien/Banat, Studium der Bildenden Kunst.

18 Buchveröffentlichungen, Lyrik und Prosa, zuletzt erschienen:
„Das Ulmer Münster in Wort und Bild",
    Gerhard Hess Verlag Bad Schussenried 2015
„Tage Ost – West", Lyrik, Pop Verlag Ludwigsburg 2015

Für ihr literarisches Werk wurde Ilse Hehn, deren Gedichte ins Japanische, Französische, Englische, Rumänische, Russische, Serbische und Ungarische übersetzt sind, in Deutschland und Rumänien mehrfach ausgezeichnet.

Ilse Hehn lebt seit 1992 in Ulm. Sie ist Vizepräsidentin des Internationalen Exil-P.E.N. Sektion deutschsprachige Länder.

info@ilse-hehn.de
www.ilse-hehn.de

Weiter Bücher der Autorin aus dem Gerhard Hess Verlag

2014
doppelt preisgekrönt
vom Rumänischen
Schriftstellerverband

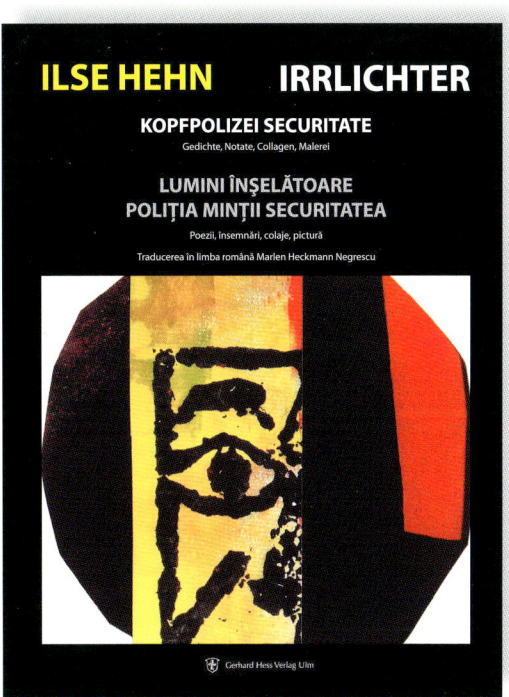

Den Glanz abklopfen
Gedichte
1998 – ISBN 3-87336-272-4
Hardcover – 122 Seiten – € 14,90

R. M. Rilke/Ilse Hehn
Das Ulmer Münster in Wort und Bild
Gedichte: Rainer Maria Rilke
Fotografien von Ilse Hehn
2015 - ISBN 978-3-87336-539-1
Hardcover - 72 Seiten - € 17,80

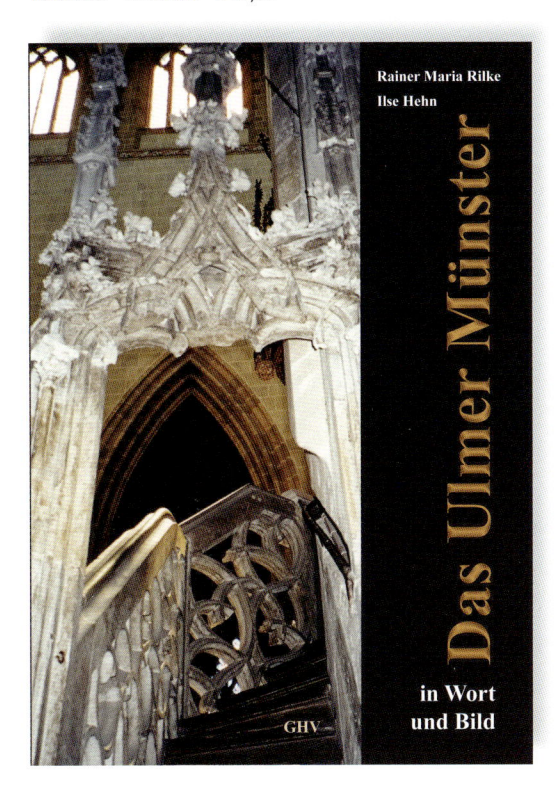

**IRRLICHTER
KOPFPOLIZEI SECURITATE
LUMINI ÎNŞELĂTOARE
POLIȚIA MINȚII SECURITATEA**
Gedichte, Notate, Collagen, Malerei
Zweisprachige Ausgabe: Deutsch - Rumänisch
Übersetzung: Marlen Heckmann Negrescu
2013 - 90 Seiten, 21 x 27 cm, Hardcover - € 25,00

**Heimat zum Anfassen
oder: Das Gedächtnis der Dinge**

Donauschwäbisches Erbe in Wort und Bild -
Fotografien von Ilse Hehn
Textauswahl I. Hehn

2013 - ISBN 978-3-87336-461-5
2 Bände im Schuber über 400 Seiten
durchgängig farbig bebildert - 19,90 Euro

GHV   **Gerhard Hess Verlag** • Hermann-Hesse-Straße 2 • 88427 Bad Schussenried • Fax: 07583/946624 • info@gerhard-hess-verlag.de   www.gerhard-hess-verlag.de